MAVRICE WVLLENS

PARIS
MOSCOV
TIFLIS

PREFACE DE HENRI GVILBEAVX

"LES HVMBLES"

PARIS
MOSCOU
TIFLIS

Maurice WULLENS

PARIS - MOSCOU - TIFLIS

Notes et Souvenirs
d'un
Voyage à travers la Russie Soviétique

Préface de Henri GUILBEAUX

ÉDITIONS
de la
Revue Littéraire des Primaires
" Les HUMBLES "

1927

PRÉFACE

Le cas de Maurice Wullens est tout à fait symptômatique. De tendances plutôt individualistes et hostile en principe à tout Etat, quel qu'il soit, Maurice Wullens partit un beau jour pour la Russie soviétique. Il n'en est pas revenu contre-révolutionnaire plus ou moins avoué comme tant d'autres ! Il n'en revint pas non plus, assurant à l'aide de hauts cris que tout est parfait, magnifique, admirable, quitte à prendre sa revanche dans les conversations en dénigrant avec art les œuvres et les hommes de la Russie soviétique.

C'est que Wullens a l'esprit révolutionnaire et que son intelligence n'est point bornée par de sots préjugés. Arrivé en Russie, il a vu, interrogé, examiné, scruté. Certes bien des choses l'ont heurté ; et il en fait l'aveu ingénument. Son anti-étatisme et son anti-militarisme subirent un rude assaut. Mais il a pénétré l'esprit de la construction léniniste. A Moscou, à Léningrad, à Tiflis, en Géorgie, comme en Moscovie, dans les banlieues, dans les villages, dans les agglomérations de ces cités où trépida un grand peuple passé tout d'un coup du moyen âge tsariste au modernisme bolchevique, Wullens a vu les écoles, les jardins d'enfants, les laboratoires, les usines, les clubs ouvriers, les maisons de repos, les musées, les bibliothèques. Exerçant la profession d'instituteur dans la République française, il a étudié là-bas les méthodes d'enseignement, la pédagogie, les œuvres scolaires de toute sorte. Il a noté ce que ces cyclopes ont déjà accompli et il a découvert les constructions à venir, les monuments qui se préparent, la nouvelle culture qui s'élabore.

Wullens justifie le mot de Lénine que l'anarchie est un malentendu et que tout véritable révolutionnaire n'est rejeté vers l'anarchie que par l'opportunisme des partis ouvriers. Alors que tant d'autres qui saluèrent la révolution russe (à vrai dire sans trop la comprendre, la voyant plutôt sous un aspect esthétique ou moral) se sont détachés d'elle, Wullens adhère à la formule du bolchevisme. Tardivement peut-être — mais est-ce bien à lui la faute ? N'est-ce pas plutôt à ces despotes qui voulaient conserver pour eux seuls la vérité, la connaissance, le document, l'information et se sont révélés incapables dans la propagande comme dans l'action ?

J'éprouve une double et forte satisfaction à saluer Maurice Wullens au seuil de cet ouvrage. Wullens me fit toujours croire que la Révolution bolchevique trouverait en lui un adhérent enthousiaste. L'insurrection d'octobre 17, « la paix malheureuse » de Brest-Litowsk, les appels à tous, à tous, avaient fait vibrer Wullens ; mais de l'armée rouge et des autres institutions de défense révolutionnaire, son vieux fond d'anarchie et ses nourritures individualistes ne s'accommodaient pas.

En Russie il a constaté sur place les nécessités qu'impose le maintien de la révolution et de la dictature du prolétariat. On ne peut repousser l'assaut des Joudénitch, des Denikine, des Koltchak et résister aux multiples expéditions anglaises, françaises et autres, par un évangile de Paix ! Sans l'armée rouge, sans la Tchéka, le peuple ouvrier et paysan de l'U.R.S.S. aurait depuis longtemps succombé. Et c'est bien pour cela que la bourgeoisie a porté toute sa haine à l'armée rouge et à la Tchéka. L'antimilitariste Wullens n'est pas devenu militariste. Au militarisme, instrument de défense et d'attaque de l'impérialisme, il sait qu'il faut opposer un prolétariat armé, non pas une armée encadrée de brutes galonnées, non pas formée d'automates sans âme, mais un peuple qui pense, qui veut libérer le monde de l'oppression capitaliste et créer des valeurs sociales nouvelles et fécondes, un peuple dont le muscle est un cerveau et le cerveau un muscle.

Lénine à la prise du pouvoir, avait en face de soi un immense pays, pauvre, loqueteux, minable, ignare, analphabète, sale. Il savait que le seul moyen de changer tout cela radicalement était d'industrialiser les immenses territoires regorgeant de richesses de toutes sortes. L'électrification de la Russie fut une de ses idées maîtresses mais cette électrification, cette création industrielle et sociale de la Russie n'était possible que par le maintien envers et contre tout des essentielles conquêtes révolutionnaires. Le maintien de ces conquêtes était conditionné par un appareil destiné à supprimer graduellement toutes les traces de la dictature du capitalisme. Wullens a vu et compris tout cela.

Enclin à la critique, il est revenu enthousiaste, avec une âme de partisan. Dans son ouvrage écrit de parti-pris, on trouve plus de vérité que dans les bruyants reportages où des obèses en mal d'ivresse prétendent sérieusement à une objectivité dont ils n'ont aucune idée, habitués qu'ils sont à écrire tout sur commande et pour la satisfaction de leur clientèle bourgeoise peu exigeante !

Enfin je remercie de tout cœur Wullens de me permettre de dire ici d'un mot tout ce qui me lie solidement à lui. Nos liens sont de ceux qui sont imbroyables.

Depuis qu'il écrit, il n'a cessé de me témoigner publi-

quement son amitié, sa passion dirai-je, et il a su me défendre à une époque où c'était chose rare et   périlleuse.
Or la première pensée qui lui est venue à l'esprit est de me
demander une préface.

En écrivant ces quelques mots qui précèdent son récit
alerte, savoureux, richement varié, plein d'observations justes
et de notations judicieuses, je ne puis me retenir d'évoquer les années 1917, 1918 et 1919. Wullens, antibelliciste
dès le premier jour, croix de guerre, cité à l'ordre du jour
et rapatrié comme grand blessé commença dans sa petite,
mais courageuse revue Les Humbles, à défendre systéma-
tiquement celui qui, réfugié à Genève publiait les cahiers
demain qui devaient le faire condamner à mort, mais qui
seront toujours son plus grand titre d'orgueil.

Durant des années Wullens, qui ne me connaissait pas,
a cru en moi. De manière inlassable, au détriment de ses
propres travaux, au risque de briser des amitiés ou des com-
pagnonnages, jouant même sa subsistance, il a travaillé à
dissoudre les épaisses ignominies dont des flics plumitifs et
des polygraphes policiers m'avaient recouvert !

Si je reviens quelques jours en France, je le devrai avant
tout à Wullens. Ce sera une de mes joies de lutter côte à
côte avec lui.

Henri GUILBEAUX.

Berlin, 6 novembre 1926.

A LA MÉMOIRE DES CAMARADES
RAYMOND LEFEBVRE, LEPETIT & VERGEAT
péris en mer, victimes du blocus instauré par le sénile
et crapuleux Clemenceau

Dessin tiré d'un cahier d'élève *(Tiflis)*

PRÉLIMINAIRES

Dans le courant de l'été 1925, plusieurs articles parurent dans l'*Ecole Emancipée* (1) au sujet d'un *Voyage d'études en Russie*. Le Syndicat pan-russe des Travailleurs de l'Enseignement invitait une cinquantaine d'instituteurs d'Occident à passer leurs vacances au pays des Soviets. Il suffisait aux collègues (syndiqués unitaires, confédérés ou même non syndiqués) de subvenir aux frais de leur voyage jusqu'à la frontière russe : chemin de fer, passeport et divers, cela pouvait coûter 2.000 francs environ. Ensuite, les Russes prendraient les pélerins à leur charge.

---

(1) Organe hebdomadaire de la **Fédération des Membres de l'Enseignement laïque** (15, rue Fardeau, Saumur).

Or bolchevik ? Eh oui. J'avoue que je n'ai pas hésité une minute à accepter cette aide fraternelle de nos camarades instituteurs de Russie. Aide indispensable, à nous qui pouvons tout juste vivre avec les traitements de famine que nous alloue la Troisième République Française. Aide acceptée avec joie, loyalement et qui ne nous lie en aucune façon. Car *n'importe qui* pouvait aller là-bas, dans les mêmes conditions. Et ce restera l'une des hontes (parmi tant d'autres...) du *Syndicat National des Instituteurs*, adhérent à la C.G.T., qu'aucun de ses leaders n'ait daigné se déranger, que Glay, ni Roussel n'aient informé leurs camarades de l'invitation qu'ils avaient reçue.

Les Russes invitaient n'importe qui : tout le monde pouvait accepter cette hospitalité bolchevique. Les *Petit Parisien, Journal* et autres *Matin*, que cette entente loyale et conclue au grand jour suffoque, feraient bien de se taire. Eux, les prudes, n'envoient là-bas, aux frais des actionnaires (et de l'Etat ! ! !) capitalistes, que des larbins dévoués. dont ils savent d'avance que la simili-indépendance servira de paravent aux plus inavouables campagnes. Passons...

* * *

Une première délégation, comprenant mon ami Mathieu, de Valenciennes, est partie au début des vacances. Je n'ai pu, malgré mon vif désir, en faire partie : difficultés d'ordre pécuniaire !

Mais tout s'arrange, comme disait l'autre. Et je partirai

avec la seconde délégation qui s'en ira fin août, après avoir assisté au Congrès de la Fédération de l'Enseignement, à celui de l'Internationale de l'Enseignement.

Je partirai... si j'obtiens un passeport !

* * *

Pas si facile cela. Ah ! si c'était pour aller représenter en Russie un quelconque mercanti. Ou encore pour aller espionner au compte d'une mission militaire. Ou enfin comme enquêteur pour un *Matin* ou un *Petit Parisien*.

Mais les camarades russes qui doivent venir représenter leur Fédération au Congrès de l'Internationale sont en panne à Bruxelles : impossible d'obtenir le visa pour Paris... Mais un camarade du Rhône n'a pu partir au premier convoi, faute de passeport...

Toutefois, ce dernier cas s'est arrangé. Françon a fini par obtenir son précieux papier. On espère de même arriver à ce que les camarades russes puissent séjourner au moins quarante-huit heures dans la Ville-Lumière.

Je me mettrai donc en quête, moi aussi, de mon passeport. Vernochet me confie, avec un bon gros sourire : « Si on te l'accorde sans difficulté, tu me permettras de sourire : c'est que tu seras estimé moins dangereux pour la sécurité de l'Etat français qu'un vulgaire communiste ». J'aimerais autant pour l'instant ne pas être estimé trop dangereux et me faufiler sans encombre à travers ce dédale administratif. Mais je suis assez inquiet sur l'issue de mes démarches. Et j'avoue que ce voyage imprévu me tente : je serais bougrement peiné qu'un bureaucrate policier quelconque pût m'en empêcher.

A la Préfecture de Police. En allant chercher ma carte de priorité pour mutilés, j'avais aperçu un écriteau : Passeports pour l'étranger. Je m'amène tout de go. On m'envoie balader sans façon. Faut d'abord aller au commissariat de la rue Dante avec des pièces d'identité et deux témoins patentés de mon quartier.

Mon boucher, si serviable d'habitude, est malheureusement immobilisé par un accident. Je sollicite le boulanger et le marchand de vins d'en face. Une tournée sur le zinc et ils viennent m'accompagner. Après avoir décliné leurs noms et qualités, ils signent gravement un papier attestant mon honorabilité, mes bonnes vie et mœurs. Allons, tout va bien. Un petit interrogatoire supplémentaire, exhibition du livret militaire, et je n'ai plus qu'à revenir le soir chercher ma demande dûment apostillée.

Le lendemain je retourne à la Préfecture. Le temps passe, dans huit jours le départ. Il ne s'agit plus de s'amuser. Je remplis un nouveau questionnaire, confie des photographies du modèle requis. Et une jeune employée m'assure que le surlendemain j'aurai mon passeport.

Vernochet, à qui je raconte mes démarches, ajoute : « Pourvu que ce jour-là on ne t'envoie pas aux cas spéciaux ».

Au jour dit, j'arrive et m'achemine délibérément vers le guichet qui annonce : « Délivrance des passeports ». J'exhibe mon reçu provisoire. L'employé feuillette le paquet de paperasses, ne trouve rien, m'examine, et flegmatique : « Allez voir au guichet 9 ».

Je traverse la salle : Guichet 9 : « Cas spéciaux ». Aïe ! L'employé fouille à son tour un amoncellement de paperasses ! « Je n'ai rien pour vous ! »

— « Quand pensez-vous avoir quelque chose ?

— « Je ne sais pas ».

— « Puis-je au moins espérer l'obtenir ?

— « Je ne sais pas.

— « Quand dois-je revenir ?

— « Je ne sais pas.

Je m'en vais tout penaud. Ça s'annonce mal.

Je suis bien près d'écrire à Millet, de lui annoncer que je vais passer mes vacances à Cannes, comme convenu... Bah ! je vais toujours revenir demain, on verra bien !

Le lendemain, l'employé consent à me conduire chez le chef de service. Chemin faisant, je contemple un autre scribe, dans les mains duquel passent toutes les demandes. Il ne regarde que les noms et prénoms, fouille ensuite dans un immense fichier à casiers suspendu au mur, contenant par ordre alphabétique les dossiers des « individus dangereux » sans doute ! Pas de fiche. Il annote au crayon bleu : Accordé. Une fiche ? Il l'épingle à la demande, les met à part. La mienne a dû être réservée ainsi.

Le chef de bureau est très poli, trop. Il m'avoue que mon passeport est là (?) mais il ne peut me le donner : le Préfet de police s'y oppose. Pourquoi ? Je ne sais pas. Il téléphone ou fait semblant. Réponse négative. Je n'ai plus qu'à me retirer. Puis-je encore garder quelque espoir ? Cet homme si poli ne le sait pas. Quand puis-je revenir aux nouvelles ? Mais quand je le voudrai.

Le lendemain c'est dimanche. Je reviens le lundi matin de bonne heure, dès l'ouverture des bureaux. Le même homme poli me reconnaît, me fait entrer en son réduit. Et à brûle-pourpoint, me regardant fixement dans les yeux, me demande : « Mais enfin, où voulez-vous aller ? —

A Berlin, ai-je répondu du tac au tac, aussi vite, sans hésiter ni baisser les yeux. — Mais pourquoi faire aller à Berlin ? — Pour me perfectionner dans la connaissance de la langue allemande, trop imparfaitement étudiée durant mes sept mois de captivité. — Voyage d'études alors ? Bon, venez par ici ». Et de me conduire dans un autre recoin du grand hall, devant une employée quelconque qui attend la plume à l'oreille : « Madame va vous faire votre passeport ! »

Madame se met au travail, atteint une feuille réglementaire, lisse sa plume, barre la mention *Valable pour un an*, rectifie « *Valable pour un voyage en Allemagne et retour* ». Elle inscrit soigneusement mon signalement, tout doucement. Je piétine d'impatience : si un contre-ordre arrivait avant qu'elle ait fini. Distraite elle inscrit : instituteur publique, débouche ses deux petites bouteilles, lave — mal, — avec les deux liquides, la syllabe malencontreuse. Pourvu que cette imperfection ne m'attire pas d'ennuis ! Elle termine, ajoute elle-même le paraphe de M. Reboulet (?) me donne le précieux papier que je signe. Et je file sans demander mon reste !

Un taxi : « Maison des Syndicats, rue Grange-aux-Belles ». J'ai hâte d'arriver !........

Je partirai donc Mercredi soir, avec l'ami Blutte. Rassemblement à Berlin, les autres délégués y seront. Ils partent tous ce soir même à Bruxelles où se termine le Congrès de l'Internationale de l'Enseignement, puisque décidément les camarades russes moins veinards que moi ne pourront pas obtenir le visa pour venir à Paris.

Deux journées de courses et de préparatifs ; l'envoi d'un numéro de revue à terminer, la valise à faire, le

numéro de *Devoirs contre la Guerre* à mettre au point
pour répondre à la grotesque circulaire de M. de Monzie.
l'édition de *Nisita* à confier à l'ami Lebarbier.

Blutte vient me voir, me fixer rendez-vous pour le départ. Il a cherché en vain chez les plus grands libraires
du quartier latin une carte de Russie. Naturellement il n'a
rien trouvé, mais parfois on l'a toisé de haut. Invraisem-
blable, mais rigoureusement exact. Et tristement sympto-
matique.

Blutte s'est rabattu sur une carte de l'Europe Centrale qui englobe dans un coin, une partie du territoire
russe. Heureusement que nous irons plus loin. Et que mon
voyage en Allemagne et retour comportera une rallonge
savoureuse et non imprévue.

Dessin tiré d'un cahier d'Écolière (Stalinegrad)

EN ROUTE

Mercredi 26 Août 1925.

Attachement aux bibelots témoins de la vie quotidienne : mes livres, mes papiers, les mille riens qui meublent mon petit logement. Je ne vous quitte pas pour longtemps et cependant ce n'est pas sans un petit serrement de cœur que je vous enferme sous clef et que je descends l'escalier sombre.

Mais bah ! pas d'inquiétude. On va maintenant à Moscou aussi facilement qu'à Versailles : le voyage est seulement un peu plus long, un peu plus fatigant, mais on ne risque pas plus. Et dans le 9 « Jardin des Plantes. Porte de la Chapelle » qui m'emmène vers la gare du Nord, je songe à ceux qui bravèrent le blocus, qui traversèrent le symbolique fil de fer barbelé tendu par le Clémenceau de sinistre mémoire.

« Tête de mort sculptée dans un calcul biliaire », comme disait Léon Daudet avant que tous deux eûssent communié dans l'ignominie jusqu'à bien mériter de la Patrie. Je songe à vous, Raymond Lefebvre, Lepetit et Vergeat, qui êtes restés, perdus quelque part dans les mers arctiques, par la volonté de ce cacochyme et octogénaire vieillard. Et devant votre souvenir à jamais mémorable, je m'incline très humblement, très fervemment au seuil de cette excursion sans danger.

Le tramway longe le boulevard Sébastopol. Et je vois au passage le troupeau d'horribles petites vieilles, affalées sur les bancs, faisant le guet au coin des rues, vers les halles, attendant l'impossible client. Qui peut bien aller voir ces effroyables harpies, aux visages rongés par des plaies douteuses, se laisser prendre à ces charmes flétris, affronter ces dessous pisseux et ces loques ignobles couvrant des corps en lambeaux, dont la décrépitude défie toute description. Mystère. Il reste un fait : c'est que de midi à minuit, et même jusqu'au petit jour, elles sont là, fidèles au poste, sur leur banc, au coin des rues. En plein cœur de Paris, capitale de la civilisation, selon nos augures. Bougrement pourrie, dites, cette syphilisation.

Ensuite ce sont les grands boulevards. Et à cette heure où le troupeau des travailleurs a déjà rejoint le logis, c'est encore le flot de la prostitution qui flue et reflue sur les larges trottoirs, s'étale à la terrasse des cafés, peuple les hôtels borgnes dans les impasses et ruelles voisines, impudique, souveraine.

La gare du Nord. Je vois Blutte qui sort d'un restaurant et nous prenons un dernier demi à la terrasse. Arrivent les camelots infatigables : marchands de coccinelles (la grande vogue du moment), de cartes transparentes, de livres soi-disant érotiques, etc...

Nous nous dirigeons vers la gare. Une dernière affiche me frappe l'œil « Aux Français ». C'est un appel des grévistes des banques, prolétaires en veston et faux-col qui crèvent de faim en maniant des millions.

Le train nous attend, frémissant déjà, qui va nous emmener loin de cette Patrie civilisée.

*
* *

Sur le quai nous apercevons Madame Clément, la sympathique camarade luxembourgeoise qui sera des nôtres. Plus de place auprès de nous, mais elle nous rejoindra en cours de route, car notre wagon ne dépasse pas Liège.

Au moment du départ, un voyageur s'introduit dans notre compartiment. Mal habillé, il ne dit mot et reste à peine assis sur la banquette, les bras pendants entre les genoux, durant tout le trajet. Il descend à Saint-Quentin. Je sommeille déjà dans mon coin. Mon voisin, un homme respectable, murmure : « Il n'a pas l'air trop catholique celui-là ! » Lui, il l'a bien, l'air catholique, ce gros plein de soupe, puant de respectabilité, décoré, bedonnant. J'ai envie de lui demander combien la guerre lui a rapporté à lui. Mais à quoi bon ! Et puis ne compromettons pas encore mon « Voyage en Allemagne et retour » ! Je me renfonce dans mon coin et ronfle de plus belle, au nez du voyageur respectable.

, *Jeudi* 27 *Août* 1925.

La nuit est troublée déjà par les incessants défilés de douaniers, des contrôleurs de chemin de fer : billets, passeports, bagages, la série commence et recommence.

Liège : A une heure du matin nous prenons place avec Madame Clément, dans le train pour Berlin.

Re-passeports, re-billets et enfin, à 7 heures du matin, *Cologne* : la gare s'éveille. Des uniformes alliés paradent sur les quais embrumés. Une petite poule reconduit au train son aviateur, belle figure de gouape parisienne. Des employés allemands déambulent, solennels. Mes connaissances en langue allemande sont assez bornées (le voyage d'études ne sera pas inutile) et Blutte est au moins aussi ignorant que moi. Mais grâce à la camarade Clément, interprète bénévole, nous buvons au buffet un savoureux café qui ne nous coûte que 0 mark 80, soit un peu plus de 4 francs. Eh ! eh ! nous commençons à avoir une idée assez précise du change !

Bientôt nous repartons, non sans avoir admiré quelques officemars alliés, sanglés, boutonnés et cirés, piaffant sur les quais, en pays conquis (ô Junkers de Saverne, de patriotique mémoire).

La Ruhr, puis le bassin westphalien. Usines, puits de mines, chevalets, terris, hauts-fourneaux, cheminées, voies ferrées. Paysages familiers du Nord mais encore plus touffus, plus concentrés. Des agglomérations plus importantes, qui se touchent presque toutes, et des maisonnettes plus propres, fleuries de verdure qui lutte pied à pied contre le charbon et la poussière envahissante.

Ensuite une plaine plus pauvre, des landes le plus souvent, néanmoins cultivée, mais ne portant que de maigres récoltes. Paysage triste, monotone.

Au wagon-restaurant et grâce toujours à notre aimable interprète, nous déjeunons assez bien pour 5 marks par tête : 26 francs. Les surprises du change dans un pays vaincu continuent pour les « vainqueurs » que nous sommes. (Oh ! sans aucune gloire).

Enfin vers 5 heures du soir, nous apercevons les faubourgs de *Berlin*. Jardins, promenades, boulevards, maisons dont une fenêtre ouverte nous livre, en éclair, la vie intime, familiale.

Cohue de la Friedrichstrasse Bahnhof. Nous laissons les bagages trop encombrants à la consigne et déambulons par les rues populeuses aux enseignes innombrables. Bientôt nous sommes au *Café Victoria*, le centre de ralliement. au coin de l'avenue Unter den Linden.

Nous y retrouvons Boyer qui écrit déjà de longues lettres à sa femme, et Françon qui potasse l'espéranto. cherche dans son *Jarlibro* des adresses d'espérantistes berlinois. Surviennent l'ami Guilbeaux et sa femme. Joie de serrer la main — enfin ! — à ce brave et de bavarder avec lui longuement. Joie de le trouver absolument tel que ses lettres, ses écrits, le laissaient deviner : entier, brutal, d'un bloc, mais si sympathique cependant. Marxiste inébranlable et qui va me donner l'envie d'étudier ces problèmes économiques trop dédaignés jusqu'ici. Une haine sentimentale de la guerre, de la pourriture civilisée, ne suffit pas. Il faut détruire logiquement et puis reconstruire... On parle, on égrène les souvenirs... Le temps passe. Il faut aller dîner. G. nous conduit à un restaurant tchéco-slovaque où l'on mange assez bien, où nous pouvons éviter les nombreux « ersatz » que la triste situation économique, a imposés à la population allemande. Puis en quête d'un logis. Nous échouons dans une espèce de succursale de l'Armée du Salut : au « Christliche Hospiz » et pour 7 m. 50 nous logeons à trois dans une chambre commune.

Vendredi 28 Août 1925.

Déjeuner sur place parmi des voyageurs respectables qui s'effarent un peu de notre exubérance. Promenade à travers la ville : cartes postales. Au petit magasin où nous achetons les cartes, un client demande « L'Huma » : militant syndicaliste en mission, avec lequel nous nous entretenons quelques instants. Cette frontière des langues, et le plaisir de pouvoir parler en pays étranger avec un compatriote, idéologiquement assez proche de nous.

Au rendez-vous fixé arrivent de Bruxelles où le Congrès de l'Internationale s'est fini ; Van de Moortel, Clément, et la collègue italienne, au courage de laquelle il faut rendre hommage, car notre voyage est un jeu d'enfants auprès du sien. On ne rigole pas chez le sinistre Mussolini et cette expédition interdite pourrait coûter chaud à l'héroïque camarade. Mais elle ne s'en soucie guère.

Clément se charge de tout. Nous l'avons bombardé d'un commun accord, président de la délégation. Il parle également bien le français et l'allemand. Il n'est pas mauvais que France, Allemagne, Belgique, Italie et Portugal se rangent sous la bannière de ce Luxembourg minuscule, marche frontière où la foi internationaliste est ardente et active.

Et puis, Clément, qui est secrétaire du syndicat luxembourgeois de l'enseignement, préside aussi aux destinées du Parti ouvrier luxembourgeois. A ce titre, il revient du Congrès de Marseille. Et sa nomination à la présidence de notre délégation est un symbole d'unité, symbole qui nous est cher à nous, membres de cette Internationale de l'Enseignement qui, d'Amsterdam à Moscou, s'efforce patiemment de créer un pont durable, solide.

Clément s'occupera de faire viser les passeports, de retenir nos places à bord du bateau qui nous transportera de Stettin à Léningrad (car il ne faut pas songer, paraît-il, à continuer par Varsovie : nul moyen d'obtenir pour une mission aussi mal réputée, le visa de la Pologne, vassale soumise de l'Entente impérialiste).

Nouvelles surprises du change. A la banque où nous changeons nos pauvres vignettes, on nous donne un peu plus de 90 marks pour 500 francs. Et il en faut 66 pour payer la traversée. Le reste ne durera pas longtemps à travers les cafés-restaurants et hôtels de Berlin.

Par le métro je vais chez Guilbeaux, du côté de la Nuremberger-Platz. Et j'emploie pour prendre mon billet faute de connaissances suffisantes, ce que Blutte appelle le système Vernochet, mais qui est, je crois bien, système universel : donner une pièce importante et ramasser la monnaie sans trop chercher à comprendre.

Enfin, j'arrive. Nous allons dîner, bien ma foi, dans un restaurant italien près de la Scala, et nous revenons à travers le Tiergarten, devisant passionnément de mille choses toutes plus intéressantes les unes que les autres : souvenirs de guerre, la Russie, la France, la littérature, la politique, tout y passe. Et les heures s'écoulent implacables. Guilbeaux qui doit aller au Ministère des Affaires étrangères, à une réception des représentants de la presse étrangère, avec les journalistes berlinois, est déjà fort en retard. Nous avons tant à nous dire. Enfin, il faut se séparer ; se donner rendez-vous pour le retour, car la délégation part demain matin de fort bonne heure pour Stettin.

Je retourne au café Victoria. Aucun délégué n'y est encore. Je fais les cent pas sur le trottoir. On me touche l'épaule.

« Je vous demande pardon, n'êtes-vous pas le camarade Porto ? »

— « Non, mais je l'attends ici ».

— « Moi aussi ; je suis Valtin Hartig.

— « Hartig ! »

Le compagnon de Toller à Niederschoenfeld, cet instituteur allemand qui, dans le Nord occupé, devint l'ami d'un camarade instituteur syndiqué à *La Sentinelle*. Celui-ci m'avait envoyé la revue « *Kulturwille* » que Valtin Hartig dirigea, une fois libéré, pour le compte de la Centrale d'éducation ouvrière de Leipzig. Je l'ai transmise à mon frère, plus costaud en allemand : il est entré en relations suivies avec Hartig.

— « Et moi, je suis Maurice Wullens.

— « Le directeur des *Humbles* ?

— « Oui ».

Etreinte cordiale, poignées de mains fraternelles des deux camarades, des deux frères que la guerre faillit mettre face à face et qui se retrouvent enfin, loyalement unis, en marche vers la même découverte, avec le même élan.

Hartig parle français beaucoup mieux que je ne baragouine l'allemand. Nous entrons au café et bavardons.

Bientôt arrivent Clément et les camarades avec les passeports visés et les billets de bateau. Et nous rejoint Porto le sympathique camarade de Lisbonne. Un gros bonhomme, reluisant de santé et de jovialité, descend d'une belle automobile : c'est Wurtz, directeur d'une école de rééducation des mutilés, qui sera aussi des nôtres. Gros et gras, les yeux pétillants derrière les lunettes, l'immuable cigare à la bouche, il repart bientôt.

Clément nous emmène dîner au Gewerkschaftshaus. On y dîne bien à la brasserie. Et on y couche en dortoir, à 6, pour 1 mark 50 par tête. Mais nous n'avons guère envie d'aller dormir, car, à la brasserie, des groupes d'ouvriers allemands, attablés par 3, 4, 5... entonnent tour à tour des chœurs émouvants ? Comme cela change, des caboulots parisiens, des bastringues à prétentions artistiques. Ici, simplement, des ouvriers, la journée finie, buvant un demi de bière mousseuse, se distraient en chantant. Tour à tour les groupes se succèdent et les mélodies se suivent. Les autres écoutent religieusement, noyés dans la fumée des pipes ou des cigares. A peine, quelques discrets applaudissements. Et que nous avons peine à nous arracher à cette séance mémorable. Pourtant vers minuit, il faut rejoindre le dortoir, car demain, nous partons de bonne heure.

Samedi 29 Août 1925.

Levés à 6 heures, nous sommes vite prêts et nous rejoignons en tramway la Stettiner Bahnhof. Public d'ouvriers berlinois, rejoignant le bureau ou l'atelier et qui s'occupent à peine de nous, peu curieux, pas hostiles du tout.

Nous avons encore le temps de déjeuner devant la

gare, dans un petit caboulot où nous payons bien cher un
.ersatz de café et quelques tranches de pain bis. Le camarade espérantiste de Françon est venu l'accompagner, lui
glisse de force des provisions pour le voyage, nous serre
cordialement les mains à tous. Quel brave type ! Et quel
ennemi dites, imbéciles haineux, de toutes catégories et
de toutes confréries. Comme je me sens plus près de cet
inconnu avec qui je peux à peine bredouiller quelques
phrases mi-allemand, mi-espéranto que de certains combattants (ou écrivains combattants !) de France. Mais passons !

7 heures 52 : départ du train pour Stettin. Après la
banlieue berlinoise, c'est une plaine monotone et pauvre !
Nous bavardons, nous faisons un peu mieux connaissance.
Et à 10 heures 1/2 nous arrivons à Stettin. Nous y trouvons
les délégués allemands : Hartig et Würtz que nous avions
déjà aperçus, puis la camarade Margareta Bauer, de Leipzig et Karsen, directeur d'école à Berlin. Un porteur empile
toutes les valises dans sa voiturette et après une longue
promenade au long des quais, nous arrivons au bateau :
l'*Oberburgmeister Haakon*. Nous embarquons, remettons les
passeports, choisissons notre couchette et déposons les
colis. Puis, comme le départ n'a lieu que l'après-midi, nous
redescendons à terre. Le temps de déjeuner auprès des
quais, d'envoyer quelques cartes postales ; d'acheter du
tabac, une pipe, et à bord pour deux heures !

Mais on ne part pas avant quatre heures. Nous flânons
sur le pont, suivons de l'œil les dernières manœuvres. Et
bientôt, majestueusement, notre petit bateau se met en
route.

Tant que nous sommes dans l'estuaire de l'Oder, tout

va bien. Le pont est aussi tranquille que le quai. Dans le Haff, il en est de même ; nous passons devant Swinemunde dont les lumières troublent la brume vespérale. Mais vers huit heures du soir, notre coquille de noix aborde la Baltique, assez mouvementée. Nous venons de manger dans l'entrepont, au milieu d'une population bigarrée mi-allemande, mi-russe. Des émigrés qui rentrent en Russie, des communistes (?) qui sortent la *Pravda*, les *Isveztia* ; des juifs commerçants aux bagages nombreux. Des silhouettes curieuses, énigmatiques. Les délégués allemands « plus rupins » que nous sont dans les cabines.

Je remonte sur le pont quasi désert. Le mal de mer retient au lit la plupart des passagers. Par bonheur, je ne ressens aucun malaise. Et je passe une grande partie de la soirée tout à l'avant du bateau, m'amusant aux oscillations du tangage et du roulis, contemplant l'immensité sans limites de la mer et du ciel où s'allument quelques rares étoiles.

Comme je reviens vers l'arrière, un grand gaillard aux larges épaules se pose devant moi.

— « Pardon, Monsieur je vous ai vu il y a huit jours sur le boulevard Saint-Michel !

— « ? ? ? C'est possible, Monsieur.

— « Dimanche dernier, j'étais à la terrasse du café d'Harcourt, vers 6 heures du soir, avec ma femme. Vous descendiez le boulevard avec un Monsieur et une Dame.

— « En effet, je me souviens...

— « Il me tend sa carte :

PROF. M. I. NEMENOW

Directeur de l'Institut d'Etat de Roentgénologie et Radiologie

Président de l'Association des Radiologistes de l'U.R.S.S.

Léningrad U.R.S.S.   6, Rue Roentgen.

Je lui explique la composition et le but de notre délégation. Le fait que de simples instituteurs aient une telle curiosité, veuillent voir par eux-mêmes, semble l'intéresser beaucoup. Je lui dis qu'il n'y a que deux communistes parmi nous : Boyer et la camarade italienne. Les camarades belges, allemands et luxembourgeois sont social-démocrates, les autres, sans parti. Donc, nous ne sommes pas des convaincus d'avance : nous voulons voir. « Vous verrez, me dit-il, et des choses intéressantes, j'en suis persuadé : un gros effort pour l'instruction de ce bon peuple de Russie ! » Le professeur Nemenow non plus n'est pas communiste : pas le temps de s'occuper de politique : la radiologie suffit, absorbe suffisamment une vie. Mais comme je lui demande ce qu'il pense du gouvernement soviétique, il réplique : « Que voulez-vous que je pense d'un gouvernement qui me donne tous les crédits que je sollicite pour notre institut... Un institut modèle, ajoute-t-il, le plus beau du monde... même aux Etats-Unis ils n'en ont pas d'aussi grand, d'aussi complet. Il faudra venir le visiter ».

Je le lui promets. Et nous remettons au lendemain la suite de cet intéressant entretien.

Dimanche 30 Août 1925.

Journée monotone en pleine mer. Les amis commencent à se porter mieux ; le mal de mer les abandonne. Promenades sur le pont, repos dans l'entrepont, bavardages, rêveries solitaires, le temps s'écoule tant bien que mal.

Je revois le docteur Nemenow et lui présente les autres délégués. On parle de la Russie, de la France. Une actrice russe, jolie mais poseuse, récite des vers avec de grands gestes. Une autre nous conte que son frère, établi à Bordeaux, fut engagé volontaire pour la Guerre du Droit ! Pauvre femme, que vouliez-vous que cela me fît, à moi, l'involontaire combattant !

Lundi 31 *Août* 1925.

Longue conversation avec un ami du docteur Nemenow : un certain Rybakoff, qui connaît fort bien le français. Il nous parle d'art, de peinture, et nous invite à aller visiter à Leningrad, une imposante collection de Daumiers, qu'il a réunie à grand peine. Sa femme l'accompagne et leur gentille fillette. Celle-ci s'exprime fort bien en français. Et comme son papa nous disait que c'était une enfant gâtée, elle répliqua sans hésiter : « Si je suis gâtée, c'est la faute de papa, n'est-ce pas : c'est lui qui doit être puni ! »

Nous avons vu que le docteur Nemenow, sans être communiste, était sympathique au gouvernement soviétique. Rybakoff aussi, mais il est russe avant tout, et partisan de la grande Russie. Devant Revel, Riga, il nous dit son espoir, de voir bientôt ces territoires revenir à sa patrie. Impérialisme ? Ma foi, peut-être admissible pour qui connaît les dessous ténébreux, les manigances hypocrites de l'Angleterre dans la poussière de ces Etats baltiques, improvisés uniquement pour la lutte contre les soviets !

Françon prend des photos. Et quelques incidents marquent la soirée. Le capitaine fait partir du restaurant des premières classes certains délégués qui, dégoûtés du menu de l'entrepont, malades, s'y étaient introduits, moyennant

rémunération supplémentaire bien entendu. Ils reviennent
auprès de nous, et, justement, ce soir-là, le repas fut servi
très en retard. Une délégation alla trouver le capitaine,
tandis que Boyer entonnait l'*Internationale* en ido ! Au refrain, tout le monde fredonnait, en une dizaine de langues.
Et bientôt, tout rentra dans l'ordre.

Demain, nous serons en pays soviétique.

Quelques délégués sur le bateau :
(De gauche à droite : FRANÇON, BLUTTE, FREINET, WULLENS,
VAN DE MOORTEL, BOYER)

Dessin d'un journal mural *(Moscou)*

II

LENINGRAD

Mardi 1er Septembre 1925.

De bonne heure, je suis sur pied et rôde sur le pont. Rybakoff avec qui j'échange quelques dernières impressions, m'annonce une réception enthousiaste pour notre arrivée. Mais je n'y crois guère encore.

Vers midi, nous sommes devant *Cronstadt*. Le pilote monte à bord. Et la douane, dont le bateau porte le nom de Bebel, vient inspecter le bateau. Puis lentement, l'*Oberburgmeister* remonte la Néva.

Il commence à pleuviner. Enfin, nous arrivons au quai. Surmontant une foule enthousiaste, deux banderoles d'étoffe rouge aux lettres blanches :

« Soyez les bienvenus, camarades »

« Vive le front unique prolétarien »

Quelques maigres cuivres entonnent une *Internationale* hésitante. Mais bientôt la foule reprend en chœur, nos voix se joignent aux siennes, et, sous la pluie, les têtes se découvrent. Moi aussi, j'enlève mon chapeau, inconsciemment, subjugué par l'émotion du moment. Cela ressemble si peu à ce que j'attendais. Ce n'est pas une réception officielle à grand tralala. Il y a ici une telle pénurie de moyens, partout ailleurs cet orchestre piteux ferait sourire. Mais on sent une telle foi, chez tous ces camarades qui nous attendent, dont la foule déferle jusqu'aux bords du quai, dont les yeux nous fixent avec une telle curiosité.

Naturellement, nous descendons les premiers du bateau. Nous remettons les passeports et il n'est pas pour nous de visite des bagages. Tout le monde veut nous serrer la main. Et les quelques interprètes qui se trouvent là sont débordés : il leur faut nous demander tant de choses ! On nous fait passer dans une pièce voisine, mais la foule suit et bientôt nous sommes de nouveau entassés comme des sardines en boîte. On nous apporte des fleurs de tous les côtés. Et le silence ne s'établit que lorsqu'un camarade, juché sur une chaise, commence à nous haranguer.

Je ne comprends rien, bien sûr, aux paroles de ce jeune gaillard au masque énergique, au regard perçant à peine estompé derrière son binocle à la simple monture d'acier. Mais je m'étonne de ses gestes saccadés, de ses périodes hachées. Cela ne ressemble guère à un discours de bienvenue. Je me penche vers l'interprète qui, justement, se trouve devant moi.

— « Qui est ce camarade ?

— Olkowsky, le président du Syndicat des Travailleurs de l'Enseignement de Léningrad.

— Il n'a pas l'air commode, dites donc.

— C'est un vieux militant déjà, malgré son air jeune. A 16 ans, il fut arrêté pour sa propagande et passa 10 années de sa belle jeunesse en Sibérie. Libéré par la Révolution, il fut mis à la tête d'un régiment de bouriates et de mongols. Il ignorait leur langue. Il l'apprit en deux mois. »

Je n'insiste pas et en attendant que l'interprète nous livre le secret des paroles, je regarde avec plus de sympathie ce petit bonhomme au visage énergique, au regard sévère, implacable.

Traduction allemande d'abord du discours : je commence à deviner le sens. Et à la traduction française, il n'y a plus d'hésitation possible. Le discours de réception commence par une charge à fond contre « les social-traîtres qui se sont réunis en Congrès à Marseille et viennent, une fois de plus, de poignarder dans le dos la classe ouvrière ». Ça n'est pas si mal dit, mais peut être maladroit. Et nous attendons avec une certaine anxiété, ce que va répondre notre camarade Clément que nous avons nommé président de la délégation et qui justement, vient directement du Congrès de Marseille. Voici qu'il se lève, assez ému, cela va sans dire. Il commence par remercier les camarades russes de leur accueil si émouvant. Puis, il aborde le vrai sujet : rend hommage à la sincérité fougueuse et véhémente de notre camarade, l'excuse, car elle est bien légitime chez ceux qui, ayant souffert longuement pour leurs idées, ont fini par triompher cependant, bien qu'ils n'aient pas reçu du prolétariat d'Occident l'aide qu'ils étaient en droit d'espérer. Clément termine en assurant nos camarades de Russie, qu'à Marseille, il n'y avait pas que des social-traîtres, mais aussi de sincères amis de la Révolution russe, et que lui, comme tous ses camarades non communistes de la délégation (11 sur 13) venait ici, en toute bonne foi, examiner avec sympathie ce que le régime soviétique avait réalisé. Nous applaudissons de bon cœur.

Traduction en russe et en allemand de ces speech. Puis, deux autres camarades russes : le secrétaire de l'Union des Syndicats de Léningrad : Laskier et l'adjointe déléguée à l'Enseignement : la camarade Arsenieva, prononcèrent chacun une allocution de bienvenue.

Et, empilés dans les autos qui nous attendent, nous partons, à travers la foule nombreuse toujours massée près du port.. Première impression de Léningrad : ville banale, qui n'est pas spécifiquement russe, dont maints quartiers évoquent Berlin ou Paris. De grands bâtiments monotones, une animation moyenne dans les rues.

Bientôt nous arrivons à l'*Hôtel d'Europe*, nationalisé comme tous les autres, et où le Syndicat des Instituteurs de Léningrad, nous a retenu des logements. Hôtel richissime et où, certes, je n'aurais jamais mis les pieds, s'il n'y avait eu la Révolution. Vestibule spacieux, escaliers monumentaux, personnel aussi aimable envers les « purotins » que nous sommes qu'envers les riches clients de passage qui paient cher (et dont la sainte galette rentre dans les caisses de tel ministère !)

Avec Blutte et Freinet, je partage un appartement de trois chambres, avec salle de bain. Installation parfaite. Nous nous mettons à l'aise et procèdons aux ablutions revigorantes. Puis, les doubles-fenêtres ouvertes à deux battants, nous nous penchons sur le tumulte de la rue, examinant curieusement ce pays étrange, anxieux déjà de ce que nous y rencontrerons.

Mais les journalistes sont là, qui ne nous laisseront nulle trève : aux envoyés de la *Pravda*, de la *Krasnaïa Gazeta*, etc., il faut conter nos impressions de voyage, des jugements sur la France, des détails personnels de toute sorte (fonctions, opinions politiques, etc., etc.).

Puis c'est le dîner, copieux et animé. Et pendant qu'une commission se réunit pour élaborer notre emploi du temps durant notre séjour ici, nous bavardons longuement avec un joyeux convive : le professeur Wulffius qui parle à merveille plusieurs langues et sait donner la réplique, en français, flamand, italien ou allemand à tous les délégués.

La nuit s'avance. La commission vient nous rendre compte de son horaire qui, adopté, sera dactylographié et remis à chaque délégué. Comme nous allons regagner nos chambres, on nous offre de prendre le thé. Nous acceptons. Mais prendre le thé, cela signifie s'attabler devant une profusion de plats : viandes froides, jambon, salade russe, écrevisses, arroser le tout de porto, malaga, bière et finalement, après bien des conversations et des chants, ingurgiter la tasse de thé !

Trois heures du matin environ ! Au lit.

Mercredi 2 Septembre 1925.

On ne peut se lever de bonne heure après une telle nuit. Et il faut un bon bain pour se réveiller tout à fait. Après un déjeuner sommaire, nous remontons en auto. Des fillettes pieds nus, en haillons, vendent des fleurs chlorotiques. La camarade Arseniéva, qui nous a rejoints, leur demande si elles vont à l'école en temps ordinaire et elles se sauvent, s'éloignent plutôt de quelques mètres. Des marchands nombreux, ambulants ou assis sur le trottoir, vendent mille bibelots : surtout des pommes et des cigarettes. J'ai changé, au bureau de l'hôtel, un billet de 100 francs : on m'a remis un peu plus de 8 roubles. J'ai acheté des cartes postales, des timbres : il ne me reste que 20 kopecks de monnaie. Je veux acheter un paquet de cigarettes et l'interprète, l'ami Kantarovitch, journaliste de son métier, me prête les 5 kopecks manquants.

Enfin, tous les délégués sont descendus. Nous partons au Dvoretz Trouda (Palais du Travail) installé dans un magnifique palais que nous visitons de fond en comble. A l'entrée, un grand tableau : amusante caricature du Comité Central, en séance. Dans l'escalier, une statue de Lénine, en simple costume d'ouvrier, le bras droit tendu, haranguant la foule. Image familière bientôt et que nous retrouverons partout, en peinture, en gravure, en statue, voire en dessin jusque dans les classes enfantines. La salle de propagande est très ingénieusement conçue : on y voit par exemple, côte à côte, des reconstitutions de la maison d'un ouvrier en 1914 et 1924 ; sous des vitrines transparentes les aliments constituant le repas d'un ouvrier aux mêmes dates ; les costumes profes-sionnels fournis en sus du salaire.

Des statistiques et des diagrammes à n'en plus finir, en couleurs claires, très lisibles. On nous explique qu'il y a 17 catégories de salaires : la première n'existant qu'en prin-cipe seulement et permettant juste de subvenir aux besoins essentiels ; la 17° réservée aux ingénieurs, hommes de con-fiance, etc., ce salaire maximum équivalant à 8 fois le salaire minimum. Les instituteurs font généralement un stage d'un an dans la neuvième catégorie puis passent dans la 10° où ils restent le plus souvent. Ils peuvent passer dans la 11° pour services exceptionnels.

Quelle Bourse du Travail modèle : salle de billard, salle de lecture, bibliothèque, etc. Et partout des dessins, des ima-ges : à côté des Watteau et des Boucher — vestiges de l'an-cien propriétaire ! — une scène de guerre civile peinte par un ouvrier de l'usine Poutilof : ouvriers avec drapeaux rou-ges et fusils.

Sur 2.500.000 habitants, il y a dans la région de Lénin-grad 550.000 syndiqués.

Voici les chiffres pour l'Enseignement :

1919	9.849
1920	8.818
1921	17.538
1922	52.121
1923	28.422
1924	37.628
1925	52.000

De 1919 à 1922, l'adhésion au syndicat fut obligatoire. Depuis elle devint facultative : ce qui explique la baisse de 1923. Mais il est réconfortant de constater que le total de 1922 est de nouveau atteint, même dépassé. C'est que les avantages accordés aux syndiqués sont tels que bien peu d'entêtés persistent à rester en dehors du syndicat Les salaires sont fixés par des contrats collectifs entre les délégués des syndicats et ceux du gouvernement ou des entreprises privées, selon le cas. Auparavant, la section économique du syndicat se livre à une enquête sur la situation financière de l'établissement dont elle peut contrôler le budget. Les contrats collectifs règlent non seulement les salaires, mais aussi la durée du travail, les congés annuels, etc., etc.

La section économique du syndicat s'occupe également de l'amélioration du travail. Des spécialistes étudient la question. Mais surtout on organise des conférences auxquelles prennent part tous les travailleurs. Dans le cas particulier d'une école, ces conférences réuniront outre les maîtres, des délégués des élèves, les employés de l'école et des délégués des parents d'élèves. En cas de conflit, il se forme un jury composé de deux délégués des travailleurs et de deux délégués de l'administration. Si l'entente ne peut se faire, ce qui est très rare, l'arbitre final est le commissaire du Travail.

Tous les syndicats entretiennent des coopératives, maisons de repos, maisons pour invalides et vieillards avec l'aide morale et matérielle du gouvernement. Mais on ne peut tout noter : nous verrons bien mieux tout cela, par la pratique.

Nous entrons dans la salle où se tient le Comité général de l'Union des Syndicats. Un camarade parle sur l'admission des syndiqués sans parti au Comité général. Il défend cette thèse, nous assure l'interprète.

Notre arrivée a été signalée : le président nous adresse une courte allocution à laquelle répondent Clément, Van de Moortel et Blutte. L'ennui, c'est que chaque discours est triple : russe, allemand, français. Nécessité d'une langue internationale !

Le camarade Liabov-Aguilev, retour de Londres paraît-il, une tête de paysan madré aux yeux finauds, à l'allure bonasse et simple, prononce quelques phrases finales, qui déclanchent un éclat de rire général. Et l'interprète de nous expliquer qu'il nous a souhaité la bienvenue en son pays, tout en nous prévenant que la Russie ne sent pas l'eau de Cologne mais dégage la fruste odeur de la terre remuée et de la sueur de l'ouvrier ! En russe, cela donne lieu à un jeu de mots très plaisant.

** **

Nous déjeunons dans les petites salles du restaurant qui fait partie du bâtiment et donne, moyennant 30 ou 50 kopecks, des repas substantiels. Il y a, notamment, un certain poisson de la Volga dénommé ossitrina et assaisonné d'une inoubliable « sauce-vitriol » au raifort !

Ensuite, nous visitons les 3 sections (administrative, économique et culturelle) du Syndicat des Travailleurs de l'Enseignement. Naturellement, il y a encore des chiffres, des diagrammes, des documents en quantité. Mais on ne peut tout noter. Et puis, outre que ces chiffres ont peu d'intérêt, je crois qu'on peut les trouver facilement dans des recueils spéciaux.

J'ai donné plus haut le chiffre des adhérents des syndidats. Il faut tout de même remarquer au passage que, si le chiffre de plus de 50.000 syndiqués de l'Enseignement pour 2.500.000 habitants, peut sembler exagéré, il s'explique fort bien. Il ne s'agit pas, en effet, d'un syndicat d'instituteurs comme chez nous, mais bien d'un *Syndicat des Travailleurs de l'Enseignement* groupant non seulement les institutrices, instituteurs et professeurs proprement dits, mais aussi tous ceux qui, de quelque façon que ce soit, contribuent à l'éducation du peuple. Ainsi y trouve-t-on aussi le concierge de l'Ecole, le balayeur, les journalistes, les professeurs de Faculté, les artistes de cinéma ou de théâtre. Ainsi tous travaillent-ils d'enthousiasme à une œuvre commune et s'abolissent peu à peu ces ridicules barrières de caste, si jalousement maintenues chez nous, au grand bénéfice de la bourgeoisie dirigeante.

Les voitures nous conduisent aux maisons de repos. Chemin faisant, nous arrêtons au Champ de Mars, où reposent les révolutionnaires morts pour la cause. Cet ancien champ de manœuvres des troupes impériales fut transformé par une journée de travail volontaire. Les militants en tête, tout un peuple vint aménager la sépulture de ses morts. On prit les pierres qui soutenaient la grille entourant le Palais d'Hiver et l'on en fit des monuments, simples et dignes. Nos guides nous mènent de tombe en tombe, retracent brièvement la carrière des aînés ensevelis sous nos pieds. Moment impressionnant, sans aucun chiqué : ni chants, ni musiques, ni fleurs. Nos pensées, douloureusement émues, remontent vers ceux-là qui furent des HÉROS !

Puis nous repartons, et arrivons bientôt aux maisons de repos. Voilà une institution magnifique et dont on ne retrouve l'équivalent nulle part, même chez les plus hypocritement humanitaires de nos grands capitalistes.

C'est dans un quartier excentrique de la ville : le Quartier des Iles (imaginez quelque Auteuil ou Passy). Là, se trouvaient les villas, châteaux et maisons de plaisance des grands ducs, princes, avocats, ingénieurs, financiers de l'ancien régime. Tout cela est nationalisé, mis à la disposition des syndicats pour y envoyer leurs adhérents durant leur congé annuel.

Nous arrêtons, de ci, de là, dans quelques-unes de ces maisons. Partout, des têtes caractéristiques d'ouvrières et d'ouvriers, jeunes ou vieux, tous enthousiastes et qui, dès notre arrivée signalée, accourent de tous les coins, nous serrent la main, lancent des hurrahs retentissants, désolés de ne pouvoir converser avec nous. Certains qui baragouinent l'allemand peuvent s'entretenir avec quelques délégués et nous disent leur joie, nous transmettent leur salut cordial aux prolétaires d'Occident. Partout, il faut noter la propreté exquise de ces lieux de repos, aussi bien tenus, mieux peut-être, que du vivant de leurs propriétaires. Dans les salons, on voit encore des meubles de prix, des tapisseries, peintures, sculptures, lustres miroitants, etc., tout cela jalousement entretenu par ces hôtes de passage, qui ont singulièrement l'esprit de propriété collective.

Et nous arrivons à la maison centrale qui groupe sous sa tutelle 22 maisons de repos du quartier.

Ici, l'accueil est impressionnant. Les pensionnaires ont

dû être prévenus, attendent tous sur le somptueux perron de cette villa et nous accueillent d'une *Internationale* retentissante. Quelques allocutions, des prises de photos et nous visitons l'établissement de fond en comble. Salle de lecture, bibliothèque, salle de conférences (où reste encore le matériel : tableaux illustrés, d'une causerie sur la conception de l'homme). Puis la cuisine, où se prépare le dîner du soir. Le cuisinier qui baragouine en riant aux larmes « 12 ans chez monsieur français ! » veut à toute force que nous goûtions un dessert : un gâteau de Gênes, exquis ma foi ! Des chambres au-dessus, transformées en petits dortoirs, de femmes ou d'hommes.

Avec Blutte, je me suis attardé en un dortoir à vérifier l'ameublement, la literie. En rejoignant les amis, nous sommes arrêtés dans le couloir par un jeune ouvrier qui veut à toute force nous confier quelque chose. Malgré nos signes d'incompréhension, il ne nous lâche pas, nous barre le passage, nous empêche d'avancer. L'interprète, qui nous cherche, finit par arriver. Le jeune gaillard, un ouvrier des usines Poutiloff, nous adjure de ne pas accepter de nous battre avec la Pologne et l'Angleterre contre les Soviets. Peine inutile, mon pauvre vieux, nous te le jurons de grand cœur et tu n'auras pas à craindre notre défaillance. Une fois suffit : on n'est pas dupe deux fois de ces farceurs impérialistes à masque patriotique !! Si nous nous battons encore un jour, ce sera cette fois pour défendre notre cause à nous.

Les amis nous attendent en bas, car il est l'heure de rentrer. Van de Moortel, fouinard et indiscipliné, ayant cru discerner une école dans le bâtiment voisin, a traversé la haie de clôture suivi par Freinet.

A la maison centrale de repos

Un quart d'heure d'attente, les camarades russes s'impatiéntent, craignent d'arriver en retard, prétendant que nous aurons le temps de voir des écoles, que cela n'est pas prévu au programme d'aujourd'hui, qu'il est l'heure de rentrer, etc., etc. Van de Moortel et Freinet finissent par arriver, radieux. Ils sont entrés dans une grande salle de jeux, où il y avait un piano. Van de Moortel a joué « l'Internationale » et de toutes les chambres, de tous les coins du jardin sont accourus des petits bonshommes à la face camuse, au teint bronzé : jeunes Tartares, orphelins, ayant eux-mêmes failli mourir de faim lors de l'inondation de la

Volga. Accueil enthousiaste des gamins aux grands camarades d'Occident. Cordialités des maîtres se désolant qu'on les surprenne dans une école en vacances, exhibant à la hâte journaux muraux, cahiers, diagrammes, travaux des élèves, etc., etc., toutes choses que nous allions retrouver dans les écoles, les jours suivants, mais qui là, dans cette école, non préparée, où nul ne nous attendait, existaient pareillement.

Le cortège se remet en route, salué par les acclamations de tous les hôtes de la maison. Le temps presse, si nous voulons aller, ce soir au théâtre où la troupe académique du Théâtre d'Art de Moscou, conduite par Vladimir Ivanovitch Nemirovitch Dantchenko, donne une représentation de *Lysistrata*, d'Aristophane, avant de s'embarquer pour l'Amérique.

Au tournant du chemin, les jeunes Tartares sont là qui nous attendent, les bras emplis de fleurs dont ils nous bombardent au passage, tout en jetant de joyeux cris !

Nous rentrons en vitesse à l'hôtel. A table ! Une bonne soupe, avec comme d'habitude un fragment de la viande qui a servi à la faire, en l'occurrence une cuisse de poule ! Viande, légumes, dessert, le tout arrosé de bière à volonté et d'une bonne bouteille de vin du Caucase. Pendant que l'on verse le café, l'un des journalistes-interprètes, l'ami Vladimir Kouliabko, fait le tour des délégués, sollicite de chacun photo et autographe. Il parle assez bien le français et m'avoue qu'il aime beaucoup les œuvres de Barbusse et de... Claude Farrère ! Je tâche de rectifier et note son adresse afin de lui envoyer, dès mon retour, le nº de juin des *Humbles* où précisément étaient étudiées les *Idées sociales* de M. Claude Farrère !

Le camarade qui remplit les fonctions de secrétaire au Syndicat des Travailleurs de l'Enseignement de Léningrad, nous fait ses adieux : il s'en va au Caucase, pour un mois de vacances. C'est son premier repos depuis la guerre : il ne l'a pas volé !

Mais il est temps de courir au théâtre. La salle est comble déjà, lors de notre arrivée. Heureusement que nous avons une loge réservée. Peu de recherches vestimentaires dans l'assistance. Beaucoup d'ouvriers en simple tenue de travail, de ci de là quelques jeunesses communistes avec le foulard rouge au cou. On nous dit que les deux tiers des places sont réservées à prix réduit aux syndicats, le tiers restant seul est vendu au prix fort aux non syndiqués.

Le rideau se lève et je vois avec stupéfaction l'un des décors qui m'avaient laissé perplexe à l'Exposition des Arts Décoratifs ! Une espèce de champignon central d'où partent des escaliers, des plans inclinés brusquement interrompus, sans issue. Mais à peine la troupe est-elle en scène que tout devient très clair. De belles actrices en tunique rouge, des chœurs magnifiques, et grâce à ces décors, ingénieux et paradoxaux, des mouvements de scène d'une rare harmonie, d'une belle ligne. Une soirée inoubliable, d'où nous sortons enthousiasmés.

Retour à pied par la rue du Théâtre, construite paraît-il sur les plans d'un architecte italien et dont l'allure, d'une belle unité, détonne en effet dans le tableau général de la ville.

Jeudi 3 Septembre 1925.

Ce matin, nous avons rendez-vous avec la camarade Lilina, compagne de Zinoview, qui doit nous donner tous renseignements utiles sur l'organisation de l'Enseignement dans le gouvernemnt de Leningrad. Nous arrivons de bonne heure à la section du Commissariat de l'Instruction publique où doit avoir lieu cette conférence. Et nous restons tout surpris, lorsque Olkowsky nous présente Lilina, cette petite femme en cheveux, si simplement vêtue, d'une allure si humble, qui circulait depuis un moment autour de nous et que nous aurions aussi bien prise pour la concierge du bâtiment ou pour l'une des femmes de service chargées de veiller à son bon entretien. Egalité, féminisme : ce ne sont pas ici que des mots, décidément.

Nous nous asseyons autour d'une large table, les papirossi sortent des étuis et les crayons sont préparés. La camarade Lilina, malgré ses protestations, s'exprime fort bien en français et en allemand, peut être un peu mieux en allemand, et les interprètes pourront se reposer. Voici quelques chiffres qu'il faut bien reproduire pour leur « éloquence ». Le budget d'abord. Pour la seule ville de Léningrad, l'Instruction publique a coûté :

En 1922-23	6.173.000 roubles
1923-24	12.069.000 roubles
1924-25	14.680.000 roubles
1925-26 (prévu)	17.000.000 roubles

Pour la campagne :

1923-24	1.966.000 roubles
1924-25	3.296.000 roubles

La ville compte 900.000 habitants et la campagne 1.600.000 habitants.

Pour le nombre d'écoles et d'élèves, les chiffres ne sont pas moins éloquents :

	VILLE		CAMPAGNE	
	Ecoles	*Elèves*	*Ecoles*	*Elèves*
1922-23	243	97.402	1.378	98.217
1923-24	250	113.534	1.374	100.006
1924-25	242	125.688	1.493	108.396
1925-26 (prévision) ..	245	142.655	1.745	116.860

La fréquentation est très bonne : à Léningrad, si l'on excepte les maladies, elle est de 100 % des élèves inscrits. A la campagne, de 85 % pour les écoles mixtes et de 68 % pour les écoles purement rurales.

L'obligation scolaire n'existe pas encore. Cela n'a presque pas d'importance à la ville où tous fréquentent. Ce serait très difficile à la campagne en hiver surtout, vu la dispersion des habitations. Une sèule solution : augmenter le nombre des écoles : on y arrivera.

L'école est unique : elle comprend le premier degré (8 à 13 ans) et le second degré (13 à 17 ans). 27 % des élèves finissent leurs études du second degré.

La position sociale des parents se décompose ainsi :

I. *A Léningrad*		II. *A la campagne*	
Ouvriers ...	42 %	Ouvriers	14 %
Employés ...	34 %	Paysans	65 %
Marchands .	2 1/2 %	Employés ...	12 %
		Marchands ...	1 %

L'instruction d'un élève coûtait par an : en 1918, 20 roubles 81 kopecks, en 1925, 19 roubles 92 kopecks

Il y a en plus des écoles ordinaires, des écoles professionnelle et des écoles d'usine pour former des ouvriers, qualifiés.

***

Après cette série de chiffres un peu aride et que j'ai encore simplifiée autant que possible, on en vint aux méthodes et aux programmes. Après un entr'acte consacré aux conversations particulières, à l'explication de quelques points de détail, agrémenté d'une tasse, de thé et de quelques gâteaux.

L'étude de l'Allemand est obligatoire dans les villes. Celle du latin, trop passéiste et inutile est entièrement supprimée. L'enseignement de la religion est non seulement supprimé mais interdit. Il n'y a plus d'enseignement historique pur : on l'a incorporé aux sciences sociales. Le passé ne sera plus évoqué que comme explication du présent. Ainsi étudiera-t-on le village préhistorique à propos du village actuel.

Pour étudier la meilleure méthode, on a créé des écoles *expérimentales*, qui ne sont pas des écoles spéciales et qui n'ont pas plus de ressources que les autres. La méthode des centres d'Intérêt ou concentrique, ou *méthode complexe*, est obligatoire au premier degré et aux deux premières années du second degré. Ensuite elle devient d'une application difficile et est restreinte à certaines matières comme les sciences sociales et la littérature. *La méthode du plan Dalton* (travail personnel de l'élève d'après un plan fourni par le maître) est adoptée dans treize écoles. Mais trop individualiste ayant pour centre le livre et non le travail, elle a été modifiée dans le sens collectif (les élèves se concertent.

par petits groupes, pour le travail à effectuer) et dans le sens de l'école active du travail (les élèves ne se bornent pas à consulter les livres, mais s'instruisent surtout par des promenades, et par l'expérimentation dans des cabinets de physique, chimie, sciences naturelles mis à leur disposition). Cette méthode ainsi mise au point est dite *méthode de laboratoire*.

La réadaptation des maîtres aux méthodes nouvelles se fait par des cours, dans des cercles spéciaux, à la ville, fréquentés l'an dernier par la totalité du personnel. Il y eut trois cours de méthode complexe, un de bibliothèque, un de dessin, un de dramatisation, un de jeux d'enfants, un de jardins d'enfants, un d'asile d'enfants.

Les examens sont supprimés ainsi que les notes et classements. En fin d'année, des colloques vérifient non les connaissances, mais le degré de développement intellectuel et d'éducation sociale.

Le contact entre la ville et la campagne est facilité par les échanges d'enfants : 25.000 enfants de la ville sont envoyés à la campagne en été.

Dans les facultés ouvrières (Rabfak) des ouvriers et des paysans, âgés de 18 à 30 ans, ayant travaillé manuellement pendant trois ans au moins, et n'ayant qu'une instruction élémentaire, reçoivent pendant quatre ans l'enseignement du deuxième degré et peuvent alors accéder directement aux établissements d'enseignement supérieur.

On ne s'occupe pas seulement des enfants à partir de huit ans. L'enseignement pré-scolaire est donné : 1° *dans les jardins d'enfants* (avant trois ans) où les enfants sont reçus pendant neuf heures par jour. Il y en a 29 à Léningrad, 30 près des usines, 12 autres seront créés sous peu. 2°

dans les maisons d'enfants ou asiles (trois ans à huit ans). Il y en a 27 à la ville, 7 à la campagne.

Les maisons et jardins d'enfants reçoivent par an 10.000 enfants. Les méthodes d'enseignements inspirée de Frœbel et Montessori ne sont pas exclusivement russes.

Il y a en outre des classes enfantines où l'on reçoit les enfants à partir de 7 ans : on leur inculque les éléments de la lecture et de l'écriture.

Ajoutons enfin les asiles pour écoliers de plus de huit ans : 188 à la ville avec 22.000 enfants, 35 à la campagne avec 7.000 enfants. Plus les écoles spéciales: une de sourds-muets, deux d'aveugles, une d'idiots, une d'antisociaux, une d'estropiés, et en outre plusieurs classes pour les arriérés.

Nous approuvâmes tous chaleureusement le camarade Clément, président de notre délégation, lorsque remerciant la camarade Lilina pour son exposé clair et méthodique, il conclut : « Votre organisation scolaire qui n'est qu'à ses débuts, marque déjà un progrès considérable sur tout ce que nous voyons en Occident. Chez nous, on se borne trop souvent à des paroles vagues, à des propos non moins vagues, qui sont seulement un beau thème à discours pour nos hommes politiques. Chez vous, l'*Ecole Unique* n'est plus seulement un projet : c'est devenue une réalité.

Lilina tint encore à nous accompagner au Musée des travaux préscolaires d'enfants. Visite rapide — hélas ! —

des salles nombreuses où, gauches, maladroits, mais ingénument sincères, des travaux divers effectués par les enfants attirent nos regards et mériteraient une étude plus détaillée. Dessins où reparaît souvent le thème de Lénine discourant et aussi, plus souvent peut-être, la tête de Lénine enfant, tissages, broderies, assemblages, constructions, il faudrait passer huit jours ici pour tout voir. Une salle tout entière est réservée à l'étude de la nature, telle que l'enfant la voit autour de lui. Mais on ne peut que passer en courant.....

C'est sur une chaleureuse et cordiale poignée de mains que nous avons quitté la camarade Lilina, enthousiasmés devant l'œuvre gigantesque édifiée en quelques années par ces révolutionnaires convaincus, à la place de l'embryon d'enseignement réservé jadis aux seuls favorisés de la fortune.

* * *

Déjeûner en hâte. Et nous repartons vers l'ancienne place du Palais d'Hiver, aujourd'hui place Ouritzky (du nom d'un militant révolutionnaire qui sacrifia sa vie pour son idéal). En chemin l'on nous montre maintes traces de la guerre civile : maisons démolies, fenêtres en loques, murs éraflés par les balles, etc... Les camarades qui nous guident ont connu cette période effrayante (1919-1920) où l'armée blanche de Youdénitch campait à quelques kilomètres de la ville, en quelque sorte assiégée, où l'on mangeait un pain affreux, de la bouillie de gruau, où le typhus et la peste sévissaient, où les gens tombaient d'inanition dans les rues. Maintenant Léningrad est un Eden en comparaison de ces temps affreux.

Et voici évoqués devant le Palais d'Hiver, les souvenirs de l'ancien régime. Le 9 janvier 1905, dans cette ville qui s'appelait encore St-Pétersbourg, et où le tsar siégait, au milieu de sa cour pourrie, une foule d'hommes, de femmes et d'enfants, était accourue en procession, avec des bannières et des saintes icônes, présenter une pétition au Petit Père. Nicolas II fit charger la foule terrorisée, 3.000 victimes de tous âges et de tous sexes ensanglantèrent la neige blanche, maculèrent la place de leurs cadavres empilés.

Aujourd'hui un corps d'armée défile, retour de manœuvres. Sur l'estrade en bois où nous parvenons, des ouvriers en casquette, en veste de cuir, des femmes en cheveux ou la tête enveloppée du foulard rouge. Quelques journalistes : pas un militaire, pas un noble, pas un bourgeois· Dans une petite tribune avancée, les militants de la ville et du gouvernement que leurs costumes ne sauraient différencier de leurs voisins. Au milieu d'eux un vieillard alerte que l'on nous montre du doigt : c'est Kalinine, le président du Soviet Central de l'U.R.S.S.

En attendant le défilé, un journaliste interprète me donne quelques détails sur le recrutement : le service militaire est obligatoire à 20 ans. Mais vu la population immense, on n'enrégimente qu'une faible portion du contingent, choisie surtout parmi les jeunes gens à qui le séjour à la caserne paraît devoir être le plus profitable. Car le jeune soldat ne reçoit pas seulement l'instruction militaire : un effort tenace est fait pour son instruction et son éducation sociale. Il n'y a presque plus d'illettrés dans l'armée rouge, et les paysans qui retournent au village, leur service fini, y deviennent de véritables propagandistes. La durée du service est de un an, deux ans ou même trois ans, selon les armes. Les tolstoïens sont placés de préférence dans les services auxiliaires. Si quelques fous persistent à refuser tout service, ajoute mon interlocuteur, ils passent devant le tribunal. L'armée est une véritable milice, les soldats étant payés au tarif des ouvriers d'usine· Il n'y a pas de différence entre les officiers et les soldats en dehors du service : le salut n'est pas obligatoire. Dans les Conseils de guerre, il y a des soldats désignés par le Parti, parmi ses membres. Et les peines sont les mêmes pour les officiers et les soldats, plus fortes comme toujours pour les communistes que pour les sans-parti.

Les troupes arrivent : toutes les armes se succèdent, infanterie, cavalerie, aérostiers, artillerie, automobilistes, etc... Les chevaux caracolent, suivis parfois de leur jeune poulain. Les soldats ont l'arme à la bretelle, et défilent tranquillement sans casque ni sac, avec la capote roulée en bandoulière. De petites voitures portent des mitrailleuses, d'autres... des bibliothèques portatives ! On distingue en effet à peine les soldats des officiers : même allure, même tenue. De petites étoiles au col de la veste marquent seules le grade. Tous saluent, poussent des hourras et des chants divers. Avant les militants sont placés les délégations des usines avec leurs bannières, que les troupes saluent d'abord, avant de passer devant la tribune officielle.

Je reste songeur. Tant de haine de l'armée, moi. Haine de la guerre imbécile qui me meurtrit le corps et l'âme dès ma vingtième année. Haine de l'armée qui me conduisit à la guerre, haine des gradés qui me persécutèrent stupidement. Et j'arrive mal à différencier une armée de l'autre, à ne pas les confondre toutes dans la même réprobation définitive...

Le journaliste qui nous contait tout à l'heure qu'il avait combattu contre Youdénitch et nous montrait sur sa joue la balafre blanchâtre laissée par un coup de baïonnette, nous rejoint. Il voudrait avoir en quelques mots notre impression sur le défilé. Je ne veux pas aligner des phrases creuses comme certains. Je suis bien troublé : un gros remous d'idées contradictoires et je ne puis encore me décider.

La fin du cortège arrive. Un chant monte d'une section en marche : « L'Internationale » qui se propage de rang en rang, jusqu'au public et les larges ondes sonores frappent et se répercutent contre les froides murailles du Palais d'Hiver. Tout de même ce n'est pas la même chose qu'une armée qui, l'arme à l'épaule, braille « La Madelon »...

****

De là, nous partons au musée de l'Hermitage. Visite beaucoup trop rapide. Ici il faudrait bien un mois pour voir dans le détail les 200 salles de ce musée sans pareil. Enfin, nous aurons du moins une idée de la façon dont ces « sauvages barbares » ont sauvegardé le testament artistique de l'ancien régime. Et grâce au conservateur si obligeant qui nous guide et nous explique en français les choses essentielles, grâce aussi au professeur Wulffius dont l'érudition monstre n'est jamais en défaut, nous aurons du moins une idée des inappréciables trésors qui sont ici conservés.

Je recopie pêle-mêle les maigres notes qui, sur mon carnet, rappellent nos principales haltes. Mais il est bien évident que cela ne peut rien évoquer à qui n'a pas vu. Dans la salle espagnole, les Murillo, Velasquez, Zurbaran et une émouvante *Tête de Christ* par Ribeira. L'école italienne : Tiépolo, Canaletto, le Titien, Tintoretto, Caravage. Une salle emplie de vases en malachite, en lapis-lazuli, des tables en marqueterie florentine. Encore une salle italienne avec des œuvres de Léonard de Vinci, Filippino Lippi, Raphaël, Andréa del Sarto, Bernardino Luini, Botticelli, Veronèse, le Dominiquin, Caracci, et une admirable *Vénus devant le miroir* du Titien dont une copie fait encore mieux ressortir la beauté. Une salle consacrée à Rembrandt : *Danaé, le Sacrifice d,Abraham, la Sainte Famille, la Déposition de Croix, un Gentilhomme polonais, la Réconciliation d'Isaac et de Jacob, une Tête de vieillard, Titus, le Retour de l'Enfant prodigue.* Et surtout cette belle *Tête de femme juive*, évocatrice de toute une vie de travail et de misères, la plus belle peut-être de toutes ces peintures, celle du moins qui m'a laissé la plus profonde impression. Ensuite des œuvres de Frans Hals, Terburg, P. de Hooch, Metsu, Ruysdael, Wouwerman, des natures mortes splendides de Sneyders, des tableaux de Téniers, Van Dyck, Rubens, Jordaens. Le buste et la statue de Voltaire par Houdon, une Diane du même, une danseuse de Canova, grandeur naturelle, admirable de grâce et de légéreté. Puis des vases antiques et au centre d'une salle, un vase gigantesque pesant 20.000 kilogrammes, venu de l'Oural et qui a nécessité 20 années de travail. Le vase, le pied et le piédestal, sont exécutés dans un même bloc de jaspe...

Hélas ! il faut partir, sans même avoir passé dans toutes les salles. Du moins aurons-nous vu l'essentiel. Et nous prenons congé du sympathique conservateur : il promet de nous envoyer ce soir, à l'hôtel, des reproductions des principales œuvres: le magasin où on les vend d'ordinaire étant déjà fermé, vu l'heure tardive.

Dîner en hâte. Et nous partons au théâtre de Meyerhold, où l'on joue une pièce d'Erdman : *Mandat*. Mise en scène curieuse : plateau tournant avec au milieu une seule cloison, sur laquelle sont dessinés des carrés de teinte plus ou moins foncée, en damier. La pièce est une satire amusante des peureux de la Révolution. Une scène surtout carrément anti-religieuse obtint un franc succès. Ce fut celle où la vieille bourgeoise, craignant les persécutions, fait la messe chez elle, un phonographe lui nasillant les hymnes. La jeune bonne nouvellement engagée, une paysanne de l'Oural, frappe à la porte du salon où la maîtresse de maison fait le saint sacrifice. Vite, la patronne couvre l'autel d'un voile, arrête le phonographe. Elle ouvre la porte ; timidement, la bonne murmure : « Moi aussi je suis chrétienne, Madame, je voudrais bien prier Dieu avec vous.» Rassurée, madame remet tout en place, remonte le phonographe : horreur ! celui-ci nasille maintenant un foxtrott entraînant. Et la salle entière d'éclater de rire, de bon cœur.

Même public que l'autre jour : des costumes simples à toutes les places. Et un grand enthousiasme lorsque, entre deux actes, les machinistes du théâtre, prévenus de notre présence, s'avancèrent sur la scène, nous saluèrent et nous chargèrent de saluer en leur nom les ouvriers des théâtres occidentaux.

Vendredi 4 septemb e 1925.

Après une journée si bien remplie, le lever est forcément tardif et le départ traîne un peu. Cependant ce matin, il fallait partir de bonne heure. En tramway, car nous allons à l'usine Bolchevik, à douze kilomètres de Léningrad, et les routes sont en si mauvais état dans ce quartier que les autos ne sauraient nous mener à destination. Nous changeons de voiture à la place de l'Insurrection où se trouve une statue équestre d'Alexandre III, due au ciseau du Prince Troubetzkoï. Les révolutionnaires n'ont pas démoli cette statue mastoc dont le cheval et le bonhomme sont également énormes et bouffis : ils l'appellent l'Hippopotame. Et sur le socle à la place de l'inscription laudative ancienne, on peut seulement lire ce quatrain facétieux :

EPOUVANTAIL

Mon fils et mon père ont été exécutés
Et moi, pour ma part j'ai obtenu l'infamie posthume
Je suis perché ici comme épouvantail pour le pays
Qui s'est à jamais libéré de l'autocratie !

Le tramway cahotant nous emmène vers les banlieues. Des chantiers énormes barrent les rues en maints endroits. Des ouvriers y travaillent activement. On remplace les égoûts, les canalisations d'eau qui étaient en bois, et auxquels nul n'avait touché depuis 1914 au moins ! Rude tâche et qui donne à la ville entière l'allure d'un immense chantier de démolitions.

Enfin, nous arrivons. Le directeur qui est un ancien ouvrier nous reçoit fort cordialement et nous explique ce qu'était autrefois cette usine qui portait naturellement un autre nom, oublié, et qui importe d'ailleurs peu. Elle occupait plus de 5.000 ouvriers et on y fabriquait surtout des obus. Aujourd'hui elle occupe presque autant d'ouvriers qu'avant guerre et on y fabrique côte à côte des moteurs d'avion, des instruments de p   ...sion et des tracteurs agricoles.

Le Président du Comité syndical nous accompagne. Et nous visitons d'abord la fabrique de moteurs d'avions. Du type « Liberty », ces moteurs d'une force de 420 chevaux actionnent une hélice qui fait de 1200 à 1700 tours par minute. Nous assistons aux exercices d'essai d'un moteur et sortons de là, à moitié assourdis. 320 ouvriers travaillent dans cette partie de l'usine (durant 8 heures par jour) avec un repos de 90 minutes à midi, pour le déjeûner pris à l'usine même·

Une école d'apprentissage est annexée à l'usine. Les élèves âgés de 14 à 16 ans, travaillent 4 heures par jour à l'atelier, et reçoivent pendant 4 heures une instruction générale. Ils apprennent à manier les ustensiles selon une méthode rationnelle· Il y a un instrument en bois pour apprendre à manier le marteau, un autre pour la lime, etc... On exerce successivement la main, puis le poignet, puis le bras, sur le bois d'abord, puis sur du métal mou et enfin sur le métal dur. Après 120 heures de travail musculaire, le programme prévoit 120 heures de travail de machine, puis la fabrication d'objets divers.

A côté, le coin rouge : petite salle remplie de livres, de brochures, de tableaux muraux, de diagrammes, de dessins, de journaux. Les ouvriers font ici leur éducation politique. Un buste de Lénine domine la salle. Un dessin relate que pendant la Révolution il harangua les ouvriers dans la cour de cette usine. Un diagramme nous apprend que 60 % des ouvriers de l'usine Bolchevik sont des sans-parti.

Un peu plus loin, il y a le coin anti-religieux, destiné à la propagande contre la religion. Des caricatures, des légendes drôles, soulignent l'absurdité des textes et des pratiques religieuses, l'union incessante, avouée ou cachée, du clergé et des capitalistes· Propagande utile et efficace ; notre guide nous montre avec satisfaction, non loin de l'usine, une église désaffectée, surmontée de l'étoile rouge, transformée en club ouvrier ; la majorité des habitants l'ayant décidé.

L'école proprement dite est en réparations. vu les vacances. Nous ne pouvons que parcourir rapidement les salles désertes. Des instituteurs nous disent que l'on y pratique la méthode de laboratoire, expliquée hier, par Lilina. Les élèves étudient les mathématiques, la physique, la technologie, la langue russe et les sciences sociales.

A l'atelier de précision, les apprentis inscrivent leurs travaux sur un carnet spécial. Chacun commence par faire une partie de l'objet, puis exécute l'objet entier. Après deux années passées à l'atelier d'apprentissage, ils vont passer deux années dans les ateliers même de l'usine. On les paie petit à petit et de plus en plus : de 14 à 40 roubles par mois.

Voici la fabrique des tracteurs agricoles. On en fait fonctionner un sous nos yeux : il virevolte, avance, recule, se retourne avec beaucoup de précision malgré sa lourde masse. On fait un grand effort pour propager le mécanisme agricole et lutter contre les procédés arriérés du paysan russe· Des tracteurs sont mis à la disposition des coopératives de village, moyennant des versements annuels. Nous questionnons les ouvriers sur leurs salaires ? Ils ont régulièrement progressé depuis 3 ans et permettent maintenant de vivre. Les ouvriers que nous interrogeons gagnent de 86 à 120 roubles par mois. Le rouble valait à l'époque 12 francs environ, mais cela ne signifie rien. Ce qu'il faut savoir, c'est qu'à la Coopérative, pour 20 kopecks on a un plat de viande, pour 40 ou 50 kopecks un repas complet très copieux.

Le directeur de l'usine gagne 192 roubles : il ne peut gagner plus, étant communiste. Aucun membre du parti ne peut dépasser ce salaire mensuel. Aussi arrive-t-il, qu'un directeur d'usine, communiste, gagne moins parfois que l'un de ses collaborateurs, ingénieur ou spécialiste qualifié, n'appartenant pas au Parti.

Nous arrivons au club de culture de l'usine, organisé en vue de l'éducation et de l'instruction des ouvriers. Il compte 1800 membres inscrits et se subdivise en cercles ayant un but spécial. L'enregistrement y est volontaire et les femmes y sont admises sur le même plan que les hommes. Le club sportif compte 500 membres. Il y a sept cercles artistiques (musique, théâtre, peinture, sculpture, etc...) Le secrétaire du cercle de peinture nous montre les travaux de ses camarades avec fierté. Et sur notre demande, il nous permet volontiers d'emporter en souvenir quelques-unes de ces feuilles bariolées par les jeunes ouvriers à leurs heures de loisir.

La salle de lecture du club avec une bibliothèque de 8.000 volumes. On en emprunte 400 par jour : jusqu'à 1.200 par jour en hiver. Admirable soif de lire, d'apprendre, de connaître, en ce pays naguère encore plongé dans la plus complète ignorance.

Des spécialistes s'enquièrent des livres les plus lus, de la proportion des diverses catégories (roman, sciences sociales, etc.), mais il faut nous hâter : on nous attend à la coopérative où nous déjeunerons. Repas ordinaire, simple, mais bien copieux. Et pendant ce temps, on nous explique

que la coopérative groupe près de 5.000 ouvriers ou voisins
de l'usine. Le capital est constitué par les parts d'adhérents
(5 roubles) et par un crédit de l'Etat. Elle fait 220.000
roubles d'affaires par an. L'eau et le thé sont les boissons
ordinaires des repas (voir prix ci-dessus), moyennant un
supplément on peut avoir de la bière. Le vin est peu
employé dans la Russie du Nord.

Le crédit consenti est de deux semaines et peut aller
jusqu'à 50 % de la paie. Pour certains produits (vêtements,
etc.) il peut durer six mois. On trouve ici presque tout ce
qui est nécessaire à l'existence. La coopérative fait ses
achats soit à la Banque d'Etat, (achats en gros) soit à
l'alliance des coopératives, soit aux particuliers (13 %).
Les bénéfices sont allés jusqu'ici aux membres : l'année
prochaine, ils constitueront une ristourne sur leurs achats....

Il faut se séparer, quitter les bons camarades qui, avec
tant de bonne volonté se sont mis à notre disposition pour
nous donner tous renseignements utiles.Clément les remercie
et l'un d'eux qui répond, nous prie d'excuser les ouvriers
russes qui sont bien en retard et qui regrettent bien de ne
pas pouvoir visiter nos usines comme nous visitons les leurs.
Van de Moortel là-dessus, reprend la parole, en notre nom,
à tous. En retard ? dit-il, oh non ! bien en avance sur les
ouvriers occidentaux. Et quant à venir visiter nos usines,
oui, il est regrettable que vous ne puissiez pas le faire.
Mais vous n'auriez rien à y apprendre et si nous voudrions
que vous veniez, ce ne pourrait être que pour engager les
ouvriers de chez nous à s'organiser, à vous imiter !

En revenant nous nous arrêtons au *Musée révolution-naire* : visite sommaire, mais impressionnante. Dans un riche palais sont installés des tableaux, des images, des affiches, des reconstitutions diverses (chaînes, cellules, imprimerie clandestine, etc., etc...) évoquant les mille aspects de la lutte révolutionnaire. Un tableau inoubliable évoque la fusillade de 1905, sur la place d'Hiver. Des salles diverses sont consacrées à la Ire, IIe et IIIe Internationales. On comprend mieux, beaucoup mieux, après avoir vu toutes ces horreurs, que parfois la violence seule, fatale, peut mettre fin à une domination tellement atroce. Et que tous les excès possibles, en réaction, s'ils sont regrettables, sont aussi tellement excusables.

De ce palais on a une superbe vue sur la Néva. Et nous descendons par un immense escalier prolongé par une galerie aux colonnes de marbre : coin magnifique sauvé jadis par miracle d'un incendie.

Encore une halte dans une bibliothèque de quartier où les enfants lisent, étudient des images, dessinent sous la direction de quelques femmes. Une autre salle est réservée aux adultes. Nous traversons en hâte pour ne pas les déranger trop. Et nous rentrons.

Il commence à pleuvoir. Nous passons la soirée, après le dîner, à écrire des lettres, à examiner le bal qui a lieu un soir de chaque semaine dans cet hôtel. Dancing banal, avec des figures banales de nepmans, d'étrangers. Un officier de la flotte rouge qui vient y faire un tour avec sa jeune femme nous parle assez longuement.

Puis Némirovitch Dantchenko, petit vieillard alerte et gai, nous parle du théâtre, nous invite à aller voir demain soir, *La Fille de Madame Angot !*

Samedi 5 Septembre 1925.

Dans les couloirs de l'hôtel, dès notre réveil, nous attend un journaliste de 12 ans, qui doit nous inter· wiever pour la *Léninska Iskra* (Etincelle léniniste), organe des pionniers. Imperturbable, il nous assaille de questions diverses, toutes soigneusement préparées sur son carnet. A un moment donné Blutte s'impatiente, lui fait demander s'il en a encore pour longtemps, combien de questions il va encore nous poser « cinq » répond-il, sans sourciller et l'ami Kantarovitch qui traduit au fur et à mesure ajoute : « Ce n'est pas encore un journaliste parfait, n'est-ce pas, il ne sait pas mentir ».

Enfin nous finissons par abandonner le jeune rédacteur qui relit ses notes, soucieux. Et nous partons en auto, quittons bientôt Léningrad par l'avenue des Peuples : une porte monumentale barre l'avenue et porte cette inscription : « Vive la fraternité entre les peuples ».

Nous avons aujourd'hui, un nouveau guide : le docteur Lévy-Geiler qui parle fort bien le français. Il nous conte le boycottage ridicule de la Russie révolutionnaire par la France : impossibilité notamment de trouver durant des années « La Presse médicale » à Léningrad. Nous le questionnons au sujet de l'avortement ; il est autorisé jusqu'à trois mois. Et gratuit si la grossesse a des causes sociales. Mais on tâche le plus possible de dissuader la femme, de l'amener à renoncer à cette opération dangereuse pour sa santé. Toutefois, si elle insiste, on agit selon son désir.

Voici l'entrée de l'ancien Tsarkoïe-Selo, ville immense aux châteaux éparpillés à travers la campagne, séparés par des forêts, des champs, des plaines incultes. Ce Versailles désaffecté a pris le nom de Detskoye-Selo (la ville des enfants), car la majeure partie des palais sont réservés aux enfants des ouvriers. Le reste comprend quelques maisons de repos. Un curieux pavillon chinois, d'un goût douteux, inaugure cette immense agglomération.

Visitons d'abord ce sanatorium pour les enfants de 1 à 3 ans. Le camarade Lévy-Geiler, après nous avoir fait revêtir une blouse blanche, nous entraîne à sa suite. Ici, l'on recueille des enfants faibles, scrofuleux, ayant besoin d'une nourriture spéciale, riche en vitamines. Il y a des isolateurs pour les enfants atteints de maladies contagieuses.

Trente-cinq enfants sont ici, orphelins ou fils d'ouvriers de Léningrad. Le jour, ils dorment en plein air, hiver comme été. La nuit seulement, on les fait rentrer. Vingt-deux personnes, dont un médecin sont affectés à cet établissement qui est d'une propreté méticuleuse.

Chaque jour, de 15 à 20 heures, des instructeurs y viennent pour exercer les enfants à la parole et faire leur éducation sensorielle. Un matériel curieux est prévu à ce sujet : grandes boules de verre emplies de liquides aux diverses couleurs, dessins d'animaux très simples et très artistiques pendus aux murs.

Une école dont les élèves nous accueillent par la *Marche de Budienny*, l' *Internationale*, le *Chant de la Volga*. L'institutrice qui nous reçoit, secrétaire de la directrice, gagne 54 roubles par mois, elle ajoute qu'elle est nourrie, et la plupart de ses compagnes aussi, moyennant une rétribution bien minime.

Voici un sanatorium pour enfants de 3 à 9 ans, installé dans une ancienne école où l'on préparait les bonnes à l'usage de la noblesse pétersbourgeoise. C'est un préventorium pour enfants pré-tuberculeux. Il comprend une centaine de pensionnaires l'hiver, cent cinquante en été, tous internes. Le régime est le traitement classique de la tuberculose : suralimentation (4 repas par jour) et aliments choisis, plein air, bains de soleil. Il y a quatre divisions isolées, comprenant chacune leur salle à manger et leur chambre à coucher. On fait l'école aux enfants dont la santé permet cet effort. En général, ils restent ici au moins trois semaines, et peuvent y prolonger leur séjour aussi longtemps que le médecin l'ordonne. Voici l'emploi du temps de la maison :

9 heures (premier repas) : beurre, fromage, pain.

9 heures à 11 heures : séance pédagogique.

12 heures (deuxième repas) : deux plats en été, des légumes riches en vitamines, en hiver, ce qu'on trouve de plus convenable.

Jusqu'à 15 heures : sieste.

15 heures (troisième repas) : trois plats, soupe avec légumes, viande, dessert.

15 heures à 17 heures : sieste.

17 heures à 19 heures : séance pédagogique.

19 heures (quatrième repas) : un plat, lait, chocolat ou café au lait, avec une ration supplémentaire pour les plus faibles. Aussitôt après, douche ou ablutions.

Nous partons ensuite à la maison de retraite des savants où aura lieu le repas. Les pensionnaires se hâtent vers nous, charmés de cette visite qui rompt la monotonie des jours. Une vieille dame se multiplie : « Y a-t-il des Français parmi vous ? Oui ? Oh ! quel bonheur. Moi, j'aime tant la France, c'est un si beau pays ! Ah ! la vallée de la Loire avec ses châteaux ! Ah ! la côte d'Azur ! etc., etc... » Au premier abord, cela fait plaisir, mais cela devient vite rasant ! Et la bonne vieille ne nous lâche pas.

Je suis assis avec Blutte et des hors d'œuvre multiples et divers attirent nos regards : œufs durs, anchois, fromage (!), saucissons, filets de harengs, etc., etc... La vieille femme continue sa litanie. Nous mangeons sans y faire autrement attention. Mais soudain, qui me fait lâcher ma fourchette et me retourner, une phrase inepte : « Voyez-vous, je pardonnerais beaucoup aux bolcheviks, qui ont fait pour nous ce qu'ils ont pu, mais je ne leur pardonnerai jamais d'avoir trahi la France en 1917 ».

— « Allons donc, Madame ! Mais, au contraire, ce sera leur plus beau titre de gloire et impérissable, d'avoir osé les premiers arrêter la grande boucherie.

— ...Oh ! Monsieur, vous n'avez pas dû être soldat pour parler ainsi.

— Hélas ! Madame (et je lui tends ma main mutilée) soldat de la première heure et pas plus fier pour cela, prisonnier en Allemagne et persécuté en France, pour avoir osé dire la vérité sur ma captivité !

— ......

— Et j'admire humblement les Russes, qui, les premiers, ont vu clair, qui, les premiers, nous ont montré notre devoir, ce que nous aurions dû faire nous aussi, si nous avions été moins lâches ! »

La pauvre vieille s'éloigne, désappointée, hochant tristement la tête. Blutte me calme. « Allons, vieux, casse la croûte, ne t'emballe pas ainsi, tu sais bien que tu ne la convaincras pas ». Mais aussi cela m'a mis hors de moi-même, cette absurdité sénile. Je comprends que l'on critique les bolchevicks, mais pas pour la partie la plus belle de leur programme : la Paix, qu'ils ont exécutée envers et contre tous !

* * *

La route est longue pour atteindre l'école de Krasnaja Slovianka : ce Détskoye Selo est une vraie province. Et il pleut. Pour comble de malheur, un pneu de notre voiture éclate et nous restons en arrière. Puis, nous nous égarons dans le dédale des chemins défoncés.

Enfin, nous rejoignons les autres et l'école. Ce sont ici des élèves arriérés (12 à 16 ans) tous orphelins. Nous visitons les dortoirs, le réfectoire, les diverses salles de classe, les ateliers où on leur apprend un métier. Et avant le départ, il nous faut assister dans la salle de fêtes à une représentation donnée en notre honneur. Chœurs, mouvements d'ensemble, défilés, chants avec accompagnement de balalaïkas. Puis on sort avec les étendards, les pionniers nous encadrent sur le devant de la porte où nous sommes photographiés.

Soudain se jetant sur le camarade Clément dont la masse imposante ne les effraie pas, les pionniers le lancent en l'air plusieurs fois, le rattrapant à bras tendu, ce qui est paraît-il, une façon russe d'acclamer et de fêter les héros populaires. Puis, c'est au tour de la camarade italienne. Et nous n'avons que la ressource de fuir dans les autos pour éviter d'y passer tous. D'ailleurs, le soir arrive et il est temps de rentrer si nous voulons aller au théâtre, comme il était convenu. Les voitures se mettent en route sous une avalanche de fleurs et de branchages, une tempête folle de hourras joyeux !

Le retour commence assez bien, malgré la pluie légère, insistante, qui nous poursuit. Mais une première voiture a une panne. Les voyageurs répartis sur une autre, nous repartons. Et 500 mètres, plus loin, à l'entrée d'une petit village, dont je n'ai pas noté le nom, une seconde panne immobilise une autre voiture. Cette fois c'est fini. D'autant plus que le chauffeur annonce qu'il en a pour une paire d'heures au moins. Nous nous égaillons sur la route, tapant du pied pour nous réchauffer, avançant jusqu'au village qui s'endort.

Van de Moortel qui ne perd jamais le Nord, a discerné parmi les bâtiments uniformes quelque chose qui lui semble être une école. Il entre, nous le suivons.

Effectivement, il s'agit d'un internat de fillettes arriérées. Les maîtresses nous font fête : plusieurs parlant le français. Les gamines qui étaient montées au dortoir, descendent en hâte, curieuses, intriguées. Vite, on nous offre du lait, du thé. Il faut visiter le bâtiment tout entier : réfectoire, dortoirs, salles de classe, cuisine, etc., admirer les cahiers, les tableaux muraux, les travaux de couture et de broderie, discuter sur les programmes et les emplois du temps...

Les heures passent, bien trop vite cette fois. Et quand les chauffeurs nous rappellent, nous nous éloignons à regret de cette maison au cordial accueil (1).

Les voitures sont bien malades, rafistolées. Cahin caha,

____

(1) Cet incident me semblait caractéristique. Il me plaisait que nous ayons vu là, de même que Van de Moortel et Freinet virent, le mercredi 2, à l'Internat des jeunes Tartares, une école non préparée à notre visite, exactement semblable à celles qui nous attendaient. Mais il n'est pire sourd... A Valenciennes, un « incré..le » répondit à Mathieu qui donnait ces deux preuves : « Oui, oui, mon vieux : bien trouvé l'accident d'auto, qui était prévu par ces malins de Russes ». Evidemment que peut-on répondre aux imbécillités de ces malins-là. Et ils sont légion en France, dans ce pays si spirituel !

nous arrivons cependant à l'hôtel, malgré le vent frais et le brouillard qui tourne en pluie. Mais il est minuit passé : adieu *Madame Angot !* A table une bonne rasade de vodka d'abord, comme apéritif, pour nous réchauffer. L'interprète nous montre comment il fallait autrefois boire le contenu de ces grands verres, d'une rasade, sans respirer. Plus d'un qui prit goût au jeu, s'en repentit amèrement le lendemain matin. Ce matin même plutôt, car, nous ne retournâmes guère à nos chambres que vers trois heures.

Dimanche 6 Septembre 1925.

Heureusement le programme n'est guère chargé cette fois-ci. Nous partons ce soir : il sied donc d'abord de préparer les valises.

A dix heures, il y a un grand défilé à l'occasion de la Journée Internationale des Jeunesses Communistes. Mais c'est bien tôt. Et à vrai dire, nous ne nous intéressons que médiocrement à ces revues. Nous nous arrangeons à quelques-uns, pour y arriver vers 11 heures 1/2, à la fin du défilé. Hélas ! nous avions compté sans nos hôtes et leur nonchalance. Comme nous débouchions sur les tribunes officielles, le cortège commençait seulement à défiler. Ma foi, il nous enthousiasma plus que nous ne l'avions cru : ces milliers de jeunes gens et de jeunes filles, fraternellement unis, avec leurs drapeaux rouges et leurs pancartes aux inscriptions vibrantes, voilà l'avenir de la Révolution ! Ces jeunes générations qui montent et remplacent peu à peu, les adorateurs d'icones et les serviteurs du tsar, voilà qui peut donner confiance. Et quoi de plus caractéristique que ce char vers la fin, où des représentants de chaque nationalité de l'U.R.S.S. en costume national, défilaient de compagnie sous le même étendard écarlate. La voilà la libération des petites nations opprimées. Et sans qu'il y ait besoin d'une boucherie internationale pour faire semblant de les libérer.

Après un repas hâtif, nous partons aux fêtes du bicentenaire de l'Académie des Sciences où nous avons des places réservées. On se montre du doigt les célébrités scientifiques, qui, de tous les pays, de toutes les parties du monde, se sont donné rendez-vous ici, chez ces Barbares ! Mais après un discours en russe, nous nous éclipsons doucement de cette salle comble. A tort, car on devait exécuter ensuite la neuvième symphonie de Beethoven : mais nous le savions point. Avec Blutte, je me promène à travers les rues de Léningrad, bavardant, examinant la ville, ses habitants, essayant de coordonner nos premières impressions.

Après nous être assis dans un jardin public, où s'empresse une foule dominicale, nous entrons dans une espèce de bar. Blutte achète, pour 30 kopecks, une *Humanité* dont il oublie de vérifier la date : il l'avait lue avant de quitter Paris ! Heureusement la bière est d'assez bonne qualité. Et les « papirossi » se fument vite en bavardant. Le temps passe vite aussi.

C'est au palais Yossoupoff que se font les adieux : un discours par le délégué de chaque nation, avec les traductions doubles à chaque fois, et sans compter ceux des camarades russes. Le tout entremêlé de chœurs divers. Bref, une soirée bien employée. Et c'est tout juste si nous pûmes prendre le train de Moscou, à onze heures. Ce ne fut pas sans un serrement de cœur que nous nous séparâmes de ces nouveaux amis si cordiaux, si fraternels. Depuis une semaine nous avons appris à les connaître, à les apprécier. Nous voyons un peu ce qu'ils ont fait, nous savons la tâche immense qu'ils ont encore à accomplir, les difficultés inouïes aussi qui les entourent de toutes parts. C'est avec une émotion non dissimulée que nous échangeons l'ultime poignée de mains ! Mais eux, qui en ont vu bien d'autres, nous encouragent, nous demandent encore de raconter surtout ce que nous avons vu, d'aller dire en Europe ce que les soi-disant sauvages d'ici sont capables de faire. Et plus d'un ajoute « Au revoir ! A Paris peut-être ! Quand donc nous y recevrez-vous ? » Hélas !

Le train a quitté la gare animée. Nous nous casons : à quatre par compartiment, chacun ayant une moelleuse couchette à sa disposition. L'employé donne draps, oreiller et couverture. L'installation faite, on casse la croûte et l'on s'endort aussi bien que dans un lit.

Dessin tiré d'un cahier d'élève (*Tiflis*)

Le Mausolée Lénine

III

MOSCOU

Lundi 7 Septembre 1925.

Au petit jour on se réveille et on range le matériel.
Puis le thé arrive et les brioches, sandwichs, etc... La
plaine défile, monotone : des forêts de sapins et de peupliers, alternés ou mêlés, des champs, et les classiques
maisons de bois. Vers onze heures, on aperçoit une station
de T. S. F., les maisons plus denses et plus coquettes,
évoquent l'approche de la ville, et bientôt le train s'arrête
en gare de Moscou.

Réception par les camarades du lieu : Apletine qui

nous a rejoints à Leningrad nous guide ici. Et après les discours et photographies d'usage, nous grimpons dans les autos et partons vers l'hôtel. Nous traversons une bonne partie de la ville qui nous semble bien plus curieuse que Leningrad, bien plus orientale déjà. De-ci, de-là, apparaissent les superbes églises aux clochers en bulbes coloriés (un proverbe russe dit qu'il y en a à Moscou autant qu'il y a de jours dans l'année : ce pourrait bien être vrai). Des ruelles moyen-âgeuses conduisent à des places d'une architecture tout à fait moderne. Nous arrivons au Kremlin : en face il y a des magasins immenses que l'on dirait construits en ciment armé... Enfin, nous traversons la Moskova et arrivons à notre hôtel qui s'appelle, sauf erreur d'orthographe, le Novaïa Moskovskaja. Une foule de marchands encombre les trottoirs. Et toute une population s'avance en cohue : les tramways passent combles, des voitures conduites par des cochers classiques, s'avancent à grand peine.

L'ascenseur nous mène à l'étage qui nous est réservé, près de la salle du restaurant. On répartit les chambres. J'en occupe une, immense, à trois lits, avec Blutte et Françon. Toilette sommaire et déjeuner. Puis, sans perdre de temps, en route vers l'*Institut de Protection de la Mère et de l'Enfant.*

Cet Institut, installé dans les locaux d'un ancien pensionnat de jeunes filles nobles, est une création de l'Etat, dépendant du Commissariat de la Science et de la Santé. Il a pour but l'étude scientifique de tout ce qui touche à la maternité, la propagande populaire de la puériculture. A cet établissement sont attachés : 150 docteurs, 250 infirmières, 250 sages-femmes. Les infirmières et les médecins ont chacun leur journal.

On y reçoit les enfants malades au-dessous de 3 ans, choisis au cours des consultations établies en ville. La mère est admise gratuitement avec l'enfant. Celui-ci est soumis à un régime de bains, d'air pur et de soleil, de 10 heures du matin à 6 heures du soir en été. Il ne faut pas avoir peur des courants d'air, dit-on, et partout les fenêtres sont largement ouvertes, laissant entrer à flots l'air et la lumière.

Une ferme est rattachée à l'institut et lui fournit du lait qui est vérifié au laboratoire, puis stérilisé à l'autoclave. Nous avons vu fonctionner celui-ci ; à côté, se trouvaient des machines à laver la vaisselle. Toute la cuisine, très animée, était d'une propreté parfaite.

Pour l'éducation des enfants, il y a des appareils curieux : l'un pour apprendre à monter les escaliers, un autre pour glisser à la descente. Comme nous l'avons déjà vu dans d'autres établissements, des globes de couleurs différentes, des animaux peints, en carton ou en bois léger, servent à l'éducation sensorielle.

Un quartier spécial est réservé aux enfants syphilitiques. Un musée très complet est joint à l'institut. On y voit des diagrammes suggestifs : statistiques de la mortalité infantile selon les mois de l'année, selon la nourriture, selon le nombre de pièces ou des habitants des logements ; des tableaux représentant les accouchements normaux et anormaux ; un tableau illustrant la constatation du docteur Pinard : « le paysan soigne mieux sa vache prête à vêler que sa femme enceinte » ; des pièces anatomiques suggestives, représentant tous les accidents syphilitiques. Enfin des affiches de propagande : la croisade des enfants portant des pancartes avec leurs revendications (air pur, lait maternel, etc., etc.), l'enfant dans un pré à qui le veau dit : « Ta mère ne te nourrit donc pas ? Pourquoi bois-tu mon lait ? » (1).

Au sujet des avortements, on nous donne ici les mêmes renseignements que le docteur Lévy Geiler nous avait fournis à Detskoye-Selo.

Rentrés à l'hôtel, nous nous croisons avec la première délégation dont une grande partie prend demain le train de retour. Je rencontre mon ami Mathieu, de Valenciennes, nous dînons ensemble et envoyons quelques cartes aux amis du Nord (la plupart n'arriveront jamais à destination).

---

(1) Ces deux affiches sont reproduites dans le volume contenant le copieux **Rapport des Trades-Unions**.

Après le dîner, tout le monde va au cinéma. Moi, je veux me mettre en quête de mon ami Etienne Lacoste (dit Garrigue Garonne) dont je n'ai plus eu de nouvelles mais qui doit toujours être à Moscou. J'en ai parlé à Guilbeaux qui m'a dit : « Je ne sais où il est, mais au « Club des écrivains prolétariens » vous aurez sûrement de ses nouvelles ». En rentrant je me suis renseigné auprès de la jeune étudiante en médecine qui nous sert d'interprète. Guilda a habité plusieurs années en France : elle en parle fort bien la langue et son obligeance est extrême. Elle m'annonce qu'il y a, outre ce club des écrivains prolétariens, un autre club, celui des Poètes Prolétariens. Mais elle a les deux adresses, nous tâcherons de disposer d'une voiture inoccupée. Guilda me conduira. Et sans doute reverrai-je enfin mon vieil ami exilé de France depuis les grèves de 1920.

Déception : pas d'auto ; toutes sont mobilisées pour aller au cinéma. Guilda, elle-même, doit accompagner les délégués comme interprète. Demain, nous dit-elle, nous irons... Non demain, ce sera peut-être après-demain, sinon plus tard. Et nous ne resterons sans doute que fort peu de temps à Moscou. J'aime mieux y aller tout de suite, ce soir. Guilda griffonne les deux adresses sur un bout de papier, mentionne en-dessous le tramway que je dois prendre de l'autre côté de la Moskova. A ma demande, elle ajoute dans le bas, le nom de mon hôtel et l'adresse. Je dis bonsoir aux amis empilés dans les autos et en route !

Le fleuve traversé, un tramway arrive : je regarde ma feuille : N° 15, c'est celui-là. Je monte à l'arrière, suivant la règle et la lourde voiture repart. Voici le contrôleur, avec ses billets enroulés sur une corde en bandoulière. Il me parle : je lui tends mon bout de carton, soulignant du doigt la première adresse : « Niet ! Niet ! » me dit-il, faisant signe de descendre, d'en prendre un autre. Au premier arrêt j'obtempère et s'éloigne le 15 B (j'ai seulement aperçu à l'instant cette lettre minuscule qui suit le nombre). Mon papier porte en effet 15 A.

En voici un : je remonte, tends de nouveau ma carte au receveur. Etonné, il lit à grand peine. Une voyageuse qui porte sur les genoux une boîte à violon, me demande :

« Vous ne parlez pas le russe, Monsieur ?

— « Non, madame, mais je parle assez bien le français et si vous vouliez me servir d'interprète, vous seriez bien aimable ».

L'obligeante voyageuse lit l'adresse, explique au receveur le but de mon parcours. Il me donne un billet, je le paie avec un rouble, empoche la monnaie. Nous serons bientôt arrivés.

Je montre l'autre adresse à ma voisine. Ah ! c'était près de la station précédente : je n'aurai qu'à redescendre en suivant les rails. Et me voici arrivé : je remercie la serviable traductrice, m'aventure sur ce grand boulevard qui comprend au centre une façon de long jardin public, tandis que le tramway repart dans la nuit.

J'arrive au N° 25. Un grand bâtiment désert, précédé d'un jardinet. J'avise un passant, lui montre les initiales qui précèdent l'adresse : il ne connaît pas. Un autre homme sort du bâtiment : colloque entre les deux inconnus. Le second me fait signe de le suivre, m'emmène par un dédale d'escaliers et de couloirs jusqu'à une porte fermée. Il frappe et s'en va. On ouvre, je rentre. Une femme, cinq ou six hommes rassemblés autour d'une table. L'atmosphère des petites parlottes anarchistes du temps de guerre. J'explique en français le but de ma visite : personne ne comprend une mot de ce que je bredouille. J'essaie de l'anglais : même insuccès total. Je bafouille quelques mots d'allemand : la femme se lève : elle aussi baragouine l'allemand. Je continue avec plus de confiance, mais en vain. Nul ne connaît ici de Lacoste, ni de Garrigue Garonne. On ne sait pas de qui je veux parler. La femme aimablement griffonne une adresse supplémentaire sur mon papier, celle d'un journal où l'on pourra me donner des renseignements peut-être. Merci bien. Je quitte la chambre, erre par les couloirs. finis par retrouver la porte de sortie·

Je vais d'abord aller voir au second club. Je descends donc suivant les lignes du tramway (pas perdu jusqu'ici !) . déchiffre bientôt sur une plaque les mêmes caractères gravés sur ma feuille. Mais dans cette rue il n'y a pas de numéro 15, comme l'indique mon écrit. Je m'adresse à une femme qui vend des pommes sur le trottoir, mais apparemment elle ne sait pas lire. Un « milicier » qui survient hausse les épaules, m'indique en face un bâtiment illuminé : « Proletkult ». Ce ne doit pas être çà mais enfin, faute de mieux je franchis la porte. On donne une soirée sans doute, car un homme vérifie les entrées. Bonheur, il parle français. Mais ne connaît ni le club des poètes prolétariens ni mon Lacoste.

Seulement c'est bien simple : puisqu'il s'agit d'un Français que je cherche, je n'ai qu'à m'adresser au Komintern. Sûrement là on doit le connaître. Fort bien, mais si on croît que je sais où loge le Komintern ! ! Oh ! si ce n'est que cela, un jeune camarade va m'y conduire. Effectivement un jeune gaillard arrive, leste, l'air décidé. L'autre lui explique minutieusement de quoi il s'agit, mais il a déjà compris, me fait signe de le suivre. Je remercie mon interlocuteur, lui serre la main cordialement. Et en route, à travers les rues de Moscou. Du diable si je m'y reconnais jamais maintenant car mon jeune guide aux jambes agiles file, contourne les coins de rues, enfile les voies nouvelles avec une assurance inébranlable et j'ai à peine le temps de le suivre.

Nous voici devant un hôtel. Le gamin me montre la porte, se sauve. Et j'entre. Un tableau avec des clés suspendues sous les numéros. A côté un cerbère lit le journal, immuable. Je parle en français, en anglais, en allemand. il lève à peine la tête, continue de lire, flegmatique. Je vois bien qu'il est près de onze heures, mais enfin, tout de même. De guerre lasse, je m'assieds sur une chaise libre, contre le mur en face ! Impassible, l'homme lit toujours. De temps à autre, il lève la tête, me regarde par dessus son journal, rallume une cigarette, continue sa lecture.

Finalement, voyant que je ne démarre pas, il met le doigt sur une sonnerie placée derrière lui. Un homme descend les escaliers : l'Interprète ? Il ne comprend ni français, ni anglais, mais parle fort bien l'allemand. C'est, hélas, des trois, la langue que je parle le moins bien. Mais je m'exprime de mon mieux. Il ne connaît pas de Lacoste, mais si je veux être renseigné, je n'ai qu'à revenir demain matin : il y a ici réunion du groupe communiste français, sûrement quelqu'un pourra me documenter. Oui, mais demain matin nous devons visiter un orphelinat. Ah, je suis de la Délégation Occidentale des travailleurs de l'Enseignement ? C'est bien regrettable que je ne puisse revenir demain. Sûrement, j'aurais été renseigné.

Un idée me passe par la tête. Et Pierre Pascal ? Il n'est pas ici ? — Vous le connaissez ? — Très bien ! (je mens effrontément, mais l'amie Roseline L. m'a parlé avec tant d'enthousiasme de ce camarade bien connu durant son séjour ici, que je peux y aller franchement). Non, il n'est pas ici, mais on peut me conduire à son hôtel. Bah ! allons-y : il est tard mais à Moscou cela ne compte guère et maintenant que je suis enlisé dans le dédale des rues moscovites, un peu plus, un peu moins, il n'y paraîtra guère.

On me donne de nouveau un jeune guide qui m'emmène à sa suite à toute vitesse, et nous arrivons bientôt à un nouvel hôtel. Cette fois mon jeune ami rentre avec moi, se renseigne auprès du concierge, m'emmène par les escaliers jusqu'à la chambre 25. Comme nous frappons en vain un homme monte et la silhouette se profile bientôt dans le couloir. « — Qui cherchez-vous ? — Pierre Pascal. — C'est moi ! Et vous qui êtes-vous ? — Maurice Wullens, un ami de Roseline L. — Ah ! le directeur des *Humbles*. Entrez donc. »

Dans la chambre monastique, la conversation jaillit, tumultueuse. Garrigue d'abord. Mais oui, Pascal connaît ce « bon Lacoste » il a beaucoup souffert, au début, ici comme tout le monde. Maintenant ça va, il donne des leçons de français aux enfants de Lounatcharsky, et fait des poèmes. Mais je ne le verrai pas, il vient à peine de partir pour un mois, en vacances, en Crimée. C'est bien ma veine !

Il est toutefois bien d'autres sujets de conversation : les amis communs, la Révolution russe, l'affaire Trotsky, l'attitude des paysans, celle des anarchistes. Pascal ne comprend pas *Le Libertaire* (de cette époque). On y trouve les mêmes ragots absurdes que dans *Le Journal* ou dans *Le Matin*. Pourquoi se mêler à ces organes définitivement discrédités depuis longtemps, si l'on veut critiquer la Révolution russe. Il serait bien préférable de s'abonner aux principaux journaux d'ici : la *Pravda*, les *Isvestias*, le *Troud*, la *Rabotchaj Gazeta*, etc. Les Bolcheviks se livrent à une autocritique sérieuse de leur gestion : on peut cueillir dans leurs propres journaux assez de « scandales » sans puiser dans les sources plus ou moins louches de la grande presse.

Mais le temps passe ; il faut se quitter sur promesse formelle de se revoir. Mon chemin ? Pas difficile· Je n'ai qu'à suivre à droite le *Léontievsky péréoulok*, où je me trouve ; j'arriverai à la *Tverskaj* que je suivrai vers la droite jusqu'au Kremlin : la Moskova à traverser et je serai à mon hôtel.

La grande avenue centrale est quasi déserte : quelques noctambules paisibles rejoignent leur domicile. Des mendiants devant la petite chapelle de la Vierge d'Ibérie, au centre de la rue, font la queue attendant la sortie des fidèles. Tout à fait amusante cette petite église et sans fard au moins, cette religion. A droite en entrant. un comptoir où les croyants alignent roubles et kopecks : au fond après avoir examiné et rangé le reçu délivré par le caissier, le pope se prosterne devant les saintes icônes, prie durant un temps variable, selon le montant de l'offrande. Je sors, salué par le piaillement, les gestes obséquieux des immuables mendiants.

Le mausolée de Lénine est illuminé, jaillit dans la ·nuit avec ses formes géométriques si simples, son factionnaire immobile à la porte. Là haut, sur la plus haute tour du Kremlin, un drapeau étale à la brise nocturne son étamine rouge, éclairée par un projecteur·intérieur, symbolique.

Les rives de la Moskova, dans l'eau de laquelle clignottent les lumières, ressemblent étrangement à celles de la

Seine, vers la Cité. Et je reste longtemps accoudé à la balustrade, avant de regagner l'hôtel où tout le monde dort déjà quand je rentre, sauf le personnel de service.

Mardi 8 Septembre 1925 (1).

Nous allons visiter ce matin une école-orphelinat, qui s'appelle « La Petite Ville de la IIIe Internationale ». Elle groupe de 3 à 500 orphelins ou demi-orphelins (enfants de communistes vivant à l'étranger). Les enfants y restent de 3 à 18 ans : d'abord au jardin d'enfants, puis à la Maison d'Octobre, à la Maison des Pionniers du 1er degré, à celle des pionniers du 2e degré.

Le personnel qui a pour chef un membre du parti

______

(1) C'est ici, durant mon séjour à Moscou, tant à l'aller qu'au retour, que se placerait le récit de mes interventions en faveur de Nicolas Lazarevitch, emprisonné par les bolcheviks. Mes camarades de la délégation qui se souviennent sans doute de mes démarches (je ne les ai pas tous convaincus d'ailleurs de la nécessité de cette intervention) pourraient s'étonner de ne rien trouver ici à ce sujet. Voici : Au moment de mettre au point mes notes de voyage pour les confier à l'éditeur, j'ai écrit à mon frère qui avait « lancé » l'affaire en France, lui disant : « Faut-il expliquer, dans mon livre, l'affaire L. en disant, bien entendu, **tout** ce que j'ai appris, **tout** ce que je pense à ce sujet ? Ou ne rien dire du tout ? Je te laisse le soin de décider ». Il me répond, ce 19 août 1926 : « Tu fais ce que tu veux. Cela ne me regarde pas. Pour Laz, il est un peu tard pour tenter quelque chose **d'utile**, un an après ! et puis j'espère aboutir sous peu. Tout ce que je te demande, c'est de ne rien faire qui puisse **nuire** à Laz, à X, Y, Z, ou autres. Pas la peine de tuyauter la Guépéou, les professionnels, les amateurs, **Guilbeaux**, etc... »

Entendu (et que Guilbeaux veuille bien négliger cette insulte venimeuse que je ne reproduis ici que pour mieux en faire ressortir le grotesque. J'ai dit par ailleurs mon amitié, mon estime pour lui, datant de toujours, et bien renforcées depuis nos entrevues. Ceci doit compenser cela).

Quant à moi, je ne me fais aucune illusion. Mon silence ne m'empêchera pas d'être traité d'imbécile, d'individu dégoûtant, de vendu... etc., de mille autres aménités de ce genre. Mais autant en emporte le vent. Depuis quelque dix ans que j'écris pour le plaisir d'écrire, d'exprimer ma pensée, j'en ai entendu bien d'autres. **Les chiens aboient, la caravane passe...**

communiste nous explique qu'une grande liberté est laissée aux enfants : c'est ce qui fait les meilleurs révolutionnaires. Les enfants sont divisés en groupes peu nombreux pour faciliter le « self government » — pas de terme français correspondant — autonomie ? auto-administration ? Ces groupes qui comprennent généralement une dizaine d'enfants s'appellent « svennias » (qui peut se traduire en français par escouade, chaînon, etc.). On leur donne à chacun un nom : « L'Etincelle », « La Flamme », « Liebknecht », « Lénine », « Rosa Luxembourg », etc. Chaque svennia se nomme un chef ou guide conducteur responsable de la vie du groupe. Il y a également un aide élu par les enfants. La réunion des guides et des aides de l'école forme le Conseil qui gouverne la Maison d'Enfants.

Et s'il n'y a pas de candidat aux fonctions de guide ? rétorque l'un de nous. Les élèves se répartissent en « svennias » au commencement de l'année : on les guide un peu, on s'arrange pour qu'il y ait un « as » dans chaque groupe. S'il fait preuve d'incapacité notoire, on le démissionne au Conseil des Guides. L'escouade se réunit alors et en nomme un autre. Tous les trois mois, on procède aux élections des guides, les titulaires étant rééligibles. Les instituteurs ont eu beaucoup de mal au début, mais maintenant, même les plus petits commencent à s'initier à ce système.

Les pionniers qui sont ici au nombre de 200 forment une section dirigée par un chef responsable, nommé par le bureau des pionniers. Ils se répartissent en diverses sections : du journal mural, de l'hygiène, des fournitures scolaires, etc. Chaque jour un pionnier désigné est responsable de la vie de la maison.

Et ceux qui ne sont pas pionniers ? Il y en a très peu : 3 ou 4 sur 45 dans une classe : ils prennent part à toute la vie de la maison, sont soumis à la discipline commune. L'admission aux pionniers vers 11-12 ans est une cérémonie comparable à la première communion·

Y a-t-il des punitions ? Non, des remontrances du guide de la Svennia d'abord, des instituteurs, du Conseil des Guides. Il est évidemment rare qu'on doive appliquer la peine suprême : l'exclusion. Ou alors il s'agit d'enfants anormaux que l'on envoie dans les écoles spéciales.

Le *journal mural* est une des plus curieuses innovations que j'aie remarquées, dans les écoles russes. Chaque mois les élèves d'une classe composent un journal, écrit et illustré à la main, que l'on affiche ensuite durant le mois suivant sur les murs de la classe. Récits de la vie scolaire quotidienne, dessins coloriés et bien amusants remplissent souvent plusieurs grandes feuilles de papier à dessin, collées bout à bout. Celui d'ici qui vient de sortir est consacré à la prochaine journée internationale des Jeunesses Communistes. Je voudrais bien pouvoir l'emporter, mais il faudrait, paraît-il, une réunion du Conseil des Guides pour m'y autoriser et je repars bredouille. L'ami Blutte blâme ces procédés de vandales : « Si on venait ainsi dépouiller ta classe, que dirais-tu ? » conclut-il. Ma foi : je n'en sais rien, mais ces journaux sont si beaux, si intéressants surtout que je voudrais absolument en rapporter un en France. On verra bien.

****

Nous passons à la Communauté scolaire du Nar-Kom Pross. Elle est basée sur trois idées directrices principales :

1" le « self-goverment » des enfants. Il y a ici 180 élèves dont 50 pionniers communistes. L'assemblée générale nomme un Comité de 5, 6 membres qui organise la vie matérielle de l'école, répartit les élèves dans les classes, suivant les branches d'enseignement, s'occupe du journal mural. Pour les questions financières il y a 8 délégués des élèves dont le Président du Comité Directeur, le secrétaire des pionniers, celui de la cellule communiste.

2° Idée de travail : Il y a un mélange d'études théoriques et de travaux pratiques, mais toujours l'idée de travail domine l'enseignement.

3° Education sociale : Le programme marxiste imprègne l'éducation donnée ici, en liaison étroite avec le premier point.

Il y a 22 écoles semblables en Russie. Celle-ci est ouverte depuis le 1er septembre. Mais on a procédé d'abord au nettoyage ; aujourd'hui, de 9 à 12 heures, on inscrit les nouveaux élèves. A dater du 15 courant, le travail y sera normal.

Suit une légère collation, précédée d'autres développements théoriques. Mais nous en savons assez, nous avons compris les grandes lignes. Avec Hartig, Blutte et Geley, nous prenons possession d'une auto et allons visiter le musée Tretiakov. Beaucoup de salles sont fermées pour le nettoyage et le remaniement, mais le nom magique de délégation internationale des travailleurs de l'enseignement force bien des portes et très aimablement le conservateur se met à notre disposition, nous accompagne à travers les salles.

Un portrait remarquable d'Ivan-le-Terrible par Répine, retient notre attention, mais les célèbres toiles de Verestchaguine sur la guerre, proscrites durant l'Empire et devenues très célèbres, sont assez froides, bien académiques. Plus intéressantes nous semblent les toiles mystiques et surtout les tableaux réalistes qui retracent toute la vie de la Russie : les déportés, les réformateurs de l'église défendant leur point de vue devant la sœur de Pierre-le-Grand, une femme incrédule ou hérétique que l'on a traînée à l'église et surtout cette truculente composition représentant les Turcs et les Cosaques négociant un traité. Dans une autre salle une toile ultra-moderne représente la planète Mars.

[*]

Nous rentrons, juste à temps pour participer à l'assemblée générale, qui doit fixer le plan de notre séjour ici. Les Allemands dominent car ceux de la première délégation, près d'une quinzaine, veulent rester avec nous, venir visiter la république allemande de la Volga. Nous, cela nous passionne moins, mais nous voulons voir la Géorgie : les amis qui nous y ont précédés nous en racontent monts et merveilles. On finit par mettre tout le monde d'accord. après une discussion large et bruyante. Nous irons en Géorgie avec un arrêt en cours de route à Saratov. Ce sera bien juste, nous ne pourrons pas être de retour avant le 24 septembre. Et s'il y a le moindre accroc, gare au retard pour la rentrée. Tant pis ! Là-dessus nous dînons en vitesse et allons faire une longue promenade nocturne sur la Tverskaja. Malheureusement la Chapelle de la Vierge d'Ibérie, que j'aurais voulu montrer aux amis, est close : une file de dévots attend l'ouverture. Je pousse jusque chez Pascal et bavarde longuement avec lui.

Mercredi 9 Septembre 1925.

Vers 10 h. nous réussissons à partir pour la *station biologique de Timiriazev*. Après maints aléas, notre chauffeur ayant suivi par mégarde une voiture qui ne faisait point partie de notre groupe, nous y arrivons vers 11 heures.

Cette station, située dans la banlieue de Moscou, est installée dans d'anciennes villas particulières. Elle fut fondée en 1918 par deux pédagogues biologistes à qui l'on adjoignit une collaboratrice et une femme de service. On veut y faire des observations scientifiques sur la nature et perfectionner les méthodes pour l'étude des sciences naturelles. C'est à la fois une école modèle et un cours d'été pour les pédagogues. On participe à des Congrès pour l'avancement des sciences naturelles : le dernier tenu à Moscou en 1924, réunissait les délégués de 200 groupes représentant 10.000 jeunes naturalistes. En hiver, il y a des cours ; en été, les élèves se divisent en groupes pour se livrer aux études naturelles.

Le but principal est la *démocratisation de la science*, le drapeau de l'école porte cette inscription : « Approchons-nous de la nature et de la vie ». L'union avec les écoles primaires est bien établie mais jusqu'à l'an dernier elle était beaucoup moins parfaite avec les écoles du second degré.

L'école s'occupe simultanément d'agronomie et de travaux sociaux (lutte contre la malaria, etc.). La salle spéciale consacrée à la lutte contre la malaria est particulièrement intéressante. On y voit des bocaux où vivent et se développent les moustiques dont les enfants étudient les divers aspects, la vie, etc., puis d'autres récipients où sont enfermés des animaux rivaux qui détruisent les moustiques,

Avec l'ami Blutte, devant les renards (Karen tourne le dos)

Les cahiers d'élèves remplis de croquis curieux et d'annotations sont extrêmement intéressants.

Les enfants s'exercent aussi à localiser l'emplacement des oiseaux dans la forêt, d'après l'audition de leur chant. Des plans nombreux, épinglés aux murs, montrent pour les différents mois de l'année la localisation des différentes espèces d'oiseaux, figurées par des couleurs différentes. Les conclusions que les élèves tirèrent de là ont stupéfié un congrès de savants zoologistes auxquels on les soumit. Il y avait de quoi : comme nous voilà loin de nos écoles fermées, calfeutrées, sans issue sur le dehors, où l'on serine la liste des premiers Capétiens, ou la classification des vertébrés.

Mais Van de Moortel qui en a assez des explications théoriques réclame des enfants qui travaillent. En voici : dans une salle de classe des enfants et des filles (mêlés ici comme partout, ce fait qui nous frappe toujours paraît tellement naturel et logique aux Russes qu'ils rient à chaque fois de notre constatation) ces enfants qui ont découpé des tomates vertes et rouges, dessinent la coupe des fruits. D'autres jardinent dans le potager. Nous visitons celui-ci, puis la collection des cages où sont enfermés les divers animaux.

Comment sont recrutés les élèves de cette station ? Dans les écoles primaires, parmi ceux qui montrent des dispositions spéciales pour l'étude des sciences naturelles.

Le programme ? Indiqué par le Commissariat du Peuple à l'Instruction Publique, il est subdivisé ici en tranches mensuelles d'un commun accord entre les professeurs et les représentants des élèves.

Le journal mural de l'école me semble particulièrement intéressant. Je le demande et l'obtiens assez facilement. Joie !

L'on nous offre ensuite le thé avec des gâteaux : des tartines beurrées et du miel. Pendant ce temps un jeune élève s'approche de moi, un gros rouleau sous le bras. C'est un délégué des Pionniers Communistes qui vient m'offrir un exemplaire de leur journal spécial. Allons, abondance de biens ne nuit pas : j'enroule cette nouvelle dépouille avec les autres, fais remercier le donateur par l'interprète et lui serre cordialement la main. (1)

*
* *

De retour à Moscou, nous partons à l'*école psycho-neuropédologique* du Docteur Radine. Cet établissement n'est qu'un des maillons de la chaîne : on ne peut pas l'étudier sans avoir une vue d'ensemble de l'œuvre accomplie. L'œuvre d'assurance de la santé de l'enfant comprend :

1° *Inspection de l'état sanitaire des institutions d'enfants :* cela se fait dans toutes les écoles, des médecins désignés à cet effet inspectent l'école elle-même et les écoliers.

---

(1) J'ai rapporté ces deux journaux muraux ; je les ai exposés au Congrès de la Fédération de l'Enseignement à Grenoble, puis au hall de l'**Enchaîné** à Lille. Tous ceux qui les ont vus ont été enthousiasmés ; le journal des pionniers surtout est magnifique.

J'aurais voulu les reproduire dans mon livre : hélas ! les frais seraient énormes pour en donner une reproduction suffisamment grande, et en couleurs, ce qui est indispensable. J'ai donc été obligé d'y renoncer et n'ai pu qu'y découper deux dessins caractéristiques : celui de la page 33 avec cette maxime : **Prenons contact avec l'Occident** et celui de la page 216 : un capitaliste assis sur un gros livre (légal) écrase le prolétaire !

La camarade Boyer m'avait fort obligeamment traduit les textes des deux journaux. Hélas ! cela allongerait notablement le nombre de pages et n'aurait pas grand intérêt sans le journal à côté. Je dois y renoncer. Mais j'exposerai le tout au Congrès de 1927.

J'ajouterai pour finir que, depuis juillet 1926, je fais faire un journal mural mensuel à mes élèves. Ils en sont très contents, et moi aussi. Jamais, je n'ai travaillé avec autant le goût que depuis lors, et depuis l'introduction de l'imprimerie dans ma classe. (Voir aux pages d'annonces). — M. W.

2° *Culture physique* : Deux instituts (l'un à Moscou, l'autre à Léningrad), enseignent les principes pour l'éducation physique dans les écoles. Il ne s'agit pas de faire du sport, mais de l'éducation complète, « communiste », du corps. On constitue dans les écoles des groupes appelés « fourmilières » et composés indistinctement de pionniers et d'autres élèves.

3° *Soins aux enfants psychiquement anormaux* : On les donne dans les écoles comme celle-ci. Partout en Russie il existe aussi des écoles pour enfants arriérés, écoles dépendant du Commissariat de l'enseignement et vérifiées par les médecins de service. Les enfants y passent une demi-année ou une année, puis on les remet dans une école ordinaire. En cas de maladies sérieuses (épilepsie, idiotie, etc.), ils sont affectés à une section dans un hôpital.

4° *Lutte contre la tuberculose infantile* : Elle est menée dans les dispensaires, les écoles de forêt pour le premier degré, dans les sanatoria pour les cas plus sérieux (poumons, os, etc.).

5° *Protection de la santé de la jeunesse ouvrière* : De 14 à 16 ans, les jeunes ouvriers travaillent 4 heures à la fabrique ; 6 heures de 16 à 18 ans et 8 heures à partir de 18 ans. Il y a une inspection systématique des conditions de travail, tous les 3, 6 ou 12 mois. Au bout de l'année, les ouvriers ont 15 jours de vacances payées qu'ils vont passer dans les maisons de repos ou dans les sanatoria. Pour ceux qui sont affaiblis ou malades, les vacances peuvent être prolongées.

L'exposé de cette œuvre d'ensemble peut ne pas

paraître très clair, les diverses parties peuvent sembler disparates : le tout ressortait clairement du grand tableau mural exposé dans le bureau du docteur, directeur de l'établissement. Dans le gouvernement de Moscou (4.000.000 d'habitants) il y a 21 écoles pour enfants arriérés (.f § 3) et 26 écoles de forêt (cf § 4). Nous sommes dans une de ces écoles pour arriérés et nous allons la visiter.

On y recueille des enfants arriérés ou dégénérés, de 8 à 14 ans : ils nous entourent, nous accompagnent dans notre visite comme font les enfants de toutes les écoles ici. Seuls, par moments, leurs gestes saccadés, des yeux trop brillants, laisssent soupçonner que l'on n'est pas dans une école ordinaire. Autant que possible, on laisse les enfants se livrer à des études individuelles : ils font ce qui leur plaît. Et les maîtres nous montrent avec fierté les productions de leurs élèves : dessins, peintures, sculptures, il y a là-dedans à côté d'essais informes, des productions tout à fait remarquables.

« On dit des arriérés, explique un instituteur, sans doute mais peut-être y a-t-il là-dedans des génies ? Sait-on jamais si l'on a affaire à un fou ou à un grand homme ? » Nous sommes arrivés dans la salle de spectacle : une scène gentiment arrangée, des murs décorés par mille artistes amateurs. A la prière du directeur, un jeune pensionnaire se met au piano, joue plusieurs morceaux de musique moderne et classique avec un brio parfait. Moi, je n'y comprends pas grand'chose, mais des camarades musiciens en sont littéralement suffoqués. C'est bien autre chose lorsque, sur l'instigation du directeur, nous lui faisons demander par l'interprète de jouer quelques morceaux de sa composition. Il ne se fait pas prier, joue avec enthousiasme et recueille une salve d'applaudissements, qui le rendent d'ailleurs plus confus que joyeux. Il veut s'en aller brusquement, le directeur l'arrête au passage, lui tapote les joues, le réconforte de quelques mots : il se calme, se mêle à la foule qui nous escorte au réfectoire.

Il faut absolument prendre avec eux une tasse de thé et des gâteaux, pommes, etc... Dans la salle voisine se trouve le journal mural vers lequel nous mène une institutrice qui parle assez bien le français. En haut une silhouette de Hindenburg, au masque féroce, tel que jamais aucun dessinateur payé du *Matin* ne sut l'interpréter. Dans un coin... mais oui... c'est notre Painlevé national, Paul-Prudent, avec sa tignasse brune et frisée, sa bonne grosse balle réjouie. Pour le moment il ne rigole pas trop. Un Marocain en costume national vient de lui fiche le pied quelque part ; il décrit une pirouette élégante et va retomber aux pieds d'un moujick russe qui semble l'attendre de pied ferme. Au-dessous, une légende que la camarade nous traduit : « Maintenant que j'ai fini de dresser les Marocains, je m'en vais aller dresser les Russes ». Nous demandons à voir l'auteur de ce petit chef-d'œuvre : l'institutrice crie un nom dans la salle voisine. Bientôt s'amène un petit bout d'homme qui a bien dix ou onze ans et qui n'est pas médiocrement fier de voir son dessin apprécié par des Français. Je lui fais demander s'il ne voudrait pas me faire une copie de cette caricature que j'aimerais posséder : volontiers, dit-il. Je laisse donc mon adresse à l'institutrice (1), et nous repartons car la nuit est venue, après cette journée bien remplie. Il est temps de regagner l'hôtel !

______

(1) A qui la faute, je ne sais, mais je n'ai jamais rien reçu.

La Porte du Sauveur

Jeudi 10 Septembre 1925.

La matinée se passe à visiter l'immense agglomération de palais, d'églises, de constructions diverses, qui s'appelle le Kremlin. Ses origines se placent au XII° siècle, les seigneurs de l'endroit firent ériger une redoute en bois, sur la voie de commerce que constituait la Moskova. Le Kremlin s'agrandit petit à petit et suivit la fortune des grands ducs. Au moment des invasions tartares, des architectes italiens furent chargés de construire des murs et des tours au sud, puis au XVI° siècle, le tout fut surchargé de motifs décoratifs.

Trois cathédrales sont encloses dans l'enceinte : Saint-Michel, où se trouvent les tombeaux des empereurs, l'Assomption et l'Annonciation. Partout des icônes à profusion, on enlève maintenant le revêtement métallique qui les recouvrait et on met au jour les peintures bien conservées et souvent très intéressantes. On retrouve d'ailleurs dans ces tableaux, selon les usages anciens, les portraits des personnages célèbres de l'époque.

Dans la cour on nous montre les curiosités du lieu, la cloche géante, cassée, sous laquelle une escouade peut facilement s'abriter, le canon monstre avec sa pile de boulets.

Plusieurs salles en vieux style russe, fort curieuses, sont réunies, amalgamées, en un seul palais par des corps de bâtiments modernes. A la suite de notre guide nous errons à travers les immenses bâtisses, parvenons bientôt sur les toits des bâtiments, à hauteur des bulbes coloriés des églises.

Puis, nous visitons le musée où l'on voit tous les débris

Sur les toits du Kremlin

du tsarisme : voitures somptueuses, trônes ornés, manteaux dorés et chamarrés, l'argenterie offerte par les autres despotes de tous les pays à leur cher collègue, etc., etc...

Et en sortant de ce musée, dépotoir où s'amoncellent sous la poussière vénérable, les prétentieux débris du tsarisme disparu, nous arrivons au simple cénotaphe de Lénine.

Ce monument en bois, aux lignes pures, s'élève en face du Kremlin, devant la petite pelouse qui aux pieds de la muraille crénelée, abrite les restes de maints révolutionnaires morts au service de la Révolution (Sverdlov qui fut membres du C. C. du Parti et précéda Kalinine à la présidence du Comité exécutif des Soviets ; Vorowsky assassiné en Suisse par un Conradi que la démocratie helvète acquitta et remercia ; etc., etc., etc...) Lorsque nous y arrivons, vers midi, l'enceinte est fermée, aucun visiteur n'y est admis. Mais la porte s'ouvre vite et nous passons devant le soldat immobile qui monte la garde à l'entrée. Nous nous enfonçons dans la crypte.

Voici la petite salle, tendue de rouge et de noir, éclairée simplement. Aux murs, rien que le drapeau de la Commune de Paris. Et, au centre, qui attire invinciblement, tout de suite, les regards : Lénine dans son cercueil de verre. Etendu sur le dos, sanglé dans sa petite veste khaki, le reste du corps se perdant dans les plis d'une simple draperie, les yeux clos, les pommettes un peu saillantes, il semble dormir.

Nous arrêtons un moment devant la dépouille de celui qui sut, le premier, pendant la boucherie internationale, s'y opposer d'une façon cohérente, logique, puis édifier patiemment l'outil soigné qui devait un jour faire éclater aux yeux du monde ébahi : la Révolution ! Quel homme fut plus haï que celui-ci par toute la foule repue des possédants ! Lequel fut jamais détesté davantage — ô cruelle ironie — par la foule des révolutionnaires théoriciens incapables de faire prendre corps à leurs fictions (si Lénine est couché ici, n'est-ce pas à la blessure causée par une socialiste révolutionnaire que nous le devons !)

A vrai dire, ces impressions ne me sont venues que plus tard, une fois que je fus sorti de la crypte. A l'intérieur, c'est une impression étrange, non pas de grandeur ni de sublime, mais de calme parfait, un grand apaisement général, quelque chose de très complexe, à la fois un grand sentiment d'humilité et en même temps un ardent désir de réaliser, de persévérer dans la voie dure et longue et difficile que nous avons choisie. Une séance réconfortante.

Nous avions d'ailleurs tous été plus ou moins émus. Clément avait déposé en notre nom une gerbe de roses.

blanc: es. Qúand à la sortie, il voulut prendre la parole, comme il n'avait préparé aucune allocution, il bafouilla étrangement, la gorge serrée, parlant pour ne rien dire. Mais nul d'entre nous ne songeait à en rire.

Toutefois il y a toujours un comique dans les moments les plus graves. L'un de nos co-délégués me dit à mi-voix sur la place : « C'est rudement bien imité ! En quoi donc est-ce fait ? » Je ne pus que hausser les épaules et racontai l'incident à Blutte qui ne voulut pas me croire.

A son tour, il me montra une silhouette qui devait deve-nir célèbre dans la délégation : celle d'un allemand du pre-

Devant Saint Basile

mier groupe, le citoyen Krüger qui passe pour ministre et qui est finalement, paraît-il, le président de la fraction démocrate au Parlement de Thuringe (3 membres, ajoute Blutte, sans rire !). Ce Krüger, en visitant le Kremlin, lia conversation avec la camarade Clément. — Ah ! elle était Luxembourgeoise ! De quelle ville ? — D'Esch-sur-Alzette ! — Esch-sur-Alzette a tremblé tout entière devant moi, pendant la guerre ! Et d'expliquer à la camarade ahurie, comment, lui, commandant un groupe d'artillerie, ayant demandé une amende que les habitants d'Esch ne pouvaient et ne voulaient payer, il avait dirigé toutes ses pièces sur la ville, menaçant de la réduire en cendres s'il n'obtenait pas satisfaction ! Il y avait vraiment de quoi se vanter ! L'historiette fit le tour de notre délégation et dire que nous tremblâmes aussi devant le Krüger serait exagéré : maintes fois nous nous payâmes sa tête, copieusement !

Enfin, nous rentrons à l'hôtel et déjeunons tranquillement. L'après-midi se passe en visite des magasins devant le Kremlin. Nous regardons les châles de laine ou de soie, aux dessins bizarres, aux couleurs voyantes ; les multiples objets en bois sculpté, colorié, découpé. Souvenirs à emporter autant que le permet l'exiguité des valises et... le contenu des portemonnaies, car décidément le franc vaut bien peu de chose ici.

Nous rentrons casser la croûte. Et à six heures, on nous installe dans le train qui doit nous mener à Saratov. Ma foi, le temps de boire une tasse de thé, de griller une cigarette : nous nous allongeons pour le sommeil du juste, car nous sommes littéralement usés par ce voyage. Et nous sommes seulement à Moscou, à mi-chemin de Paris-Tiflis, nous ont dit les camarades russes.

IV

VERS LE SUD

Vendredi 11 Septembre 1925.

Quand nous nous réveillons, vers cinq heures du matin, nous sommes à Tambov. Jusqu'à l'horizon l'on ne voit qu'une immense plaine marécageuse, parsemée de ci, de là, de misérables petits villages clairsemés. Des routes détrempées, en marmelade, serpentent à travers cette triste campagne ; elles sont d'une largeur démesurée, chaque voiture fuyant les ornières impraticables laissées par ses devancières.

Manille, tasses de thé, bavardages : heureusement, nous avons avec nous, comme interprète, l'ami Chapoan, ex-membre de la mission militaire française, qui préféra rester ici plutôt que continuer la guerre du droit. Et nous l'interrogeons souvent, longuement.

Vers quatre heures du soir, nous arrivons à Saratov. Réception à la gare, discours et en route vers l'hôtel. Les chambres une fois réparties, nous dînons. Le caviar est ici le plat du jour bien plus qu'à Moscou et Léningrad : dommage que je ne l'aime point ! Devant les nombreux plats qui en sont garnis sur la table, je songe aux amis de Paris qui, pour une boîte minuscule, sont obligés de donner la forte somme.

La délégation à Saratov

Le camarade qui nous reçoit, le secrétaire de l'Union des Syndicats Ouvriers, nous dit : « Si vous étiez venus, il y a quatre ou cinq ans, nous n'aurions pas pu vous recevoir comme nous le faisons ce soir : à ce moment-là nous crevions littéralement de faim. Maintenant, ça va mieux. Certes, je ne vais pas vous dire que chaque ouvrier de Saratov mange chaque soir comme vous allez le faire ici : nous avons fait un peu d'extra pour vous. Mais du moins, maintenant, celui qui travaille arrive à vivre de son travail ».

Le dîner avalé, nous partons à la Maison du Syndicat des Instituteurs, un ancien hôtel de la princesse Galitzine. Hôtel somptueux et qui est au moins aussi utile dans sa nouvelle utilisation. Une bibliothèque copieuse, des diagrammes sur tous les murs. Et nous voyons pour la première fois un *journal vivant*, quelque chose qui ressemble beaucoup à la revue de chez nous, mais sans étalage de chair fraîche pour vieux messieurs ramollis. Une troupe d'amateurs joue ces scènes alertes où l'on « chine » le féminisme, le bureau du club, les militants du syndicat, etc., etc., le tout agrémenté de refrains gais que nous fredonnons bientôt, sans même en comprendre les paroles, tant la gaîté « bon enfant » de cette troupe, l'animation de cette salle sont communicatives !

Nous passons au retour par l'orphelinat appelé le « Village rouge des enfants » où furent recueillis 600 orphelins de la guerre et de la famine. Une *Internationale* nourrie, entonnée par tous ces jeunes gosiers, nous accueille chaleureusement. Puis c'est un speech de la présidente du Soviet de l'Endroit, une grande forte gamine de 13 ou 14 ans, à qui Clément doit répondre à son tour.

Enfin nous terminons la randonnée par la Maison du Peuple, une espèce de club installé dans un hôtel pourvu d'un parc magnifique. Il y a un théâtre en plein air, un kiosque à musique, des allées ombragées pour les amoureux, des attractions foraines (la roue de la mort, etc...). Voilà qui nous change de nos habituelles Maisons du Peuple de France, poussiéreuses et moroses.

Nous rentrons à minuit : il n'est qu'onze heures du soir à Moscou, mais ici nous sommes dans un autre fuseau horaire, en avance d'une heure. Le temps d'avaler un dîner hâtif et au lit.

Samedi 12 Septembre 1925.

Retournons d'abord visiter le village rouge des enfants, aperçu hier soir. Nous parcourons successivement
les ateliers de mécanique, de reliure, de menuiserie, la
cordonnerie, la bonneterie. Les orphelins qui sortiront
d'ici. auront ainsi chacun un métier. Ils nous accueillent
avec sympathie, nous montrent leur travail, offrent avec
joie les produits de leur industrie : il faut prendre qui une
paire de chausset. s, qui un maillot de laine, etc... Installation parfaite que celle de cette école pratique qui laisse
d'ailleurs chaque année 5 à 6.000 roubles de bénéfice pour
l'orphelinat.

Puis c'est la douzième école communale de Saratov et
une école professionnelle. Mais les élèves sont absents

A l'atelier de cordonnerie

naturellement ; on ne peut que parcourir les bâtiments souvent vidés pour le nettoyage, ramasser un cahier fini, quelques dossiers. J'emporte un cahier d'un jeune élève, remarquablement illustré.

Voici une école allemande. De l'autre côté de la Volga, il y a la République Allemande autonome avec sa capitale : Pokrovsky (en fait de droit des petits peuples de disposer d'eux-mêmes, ce n'est pas mal, n'est-ce pas, messieurs les vainqueurs de la Guerre du Droit qui n'avez guère libéré que l'Alsace-Lorraine, l'Irlande, le Maroc, les Philippines et autres contrées). Naturellement, dans cette république allemande, fondée jadis par des colons émigrés, qui ont conservé leur langue maternelle, l'enseignement est donné en allemand. Mais, dans la ville de Saratov même, comme dans la plupart des grandes villes russes, il y a des écoles pour les minorités nationales (cela aussi vaut la peine d'être souligné). A Saratov, il y a plusieurs écoles allemandes : nous en visitons une, où plusieurs élèves attardés, conversent longuement avec les membres de la délégation allemande.

Les camarades veulent nous montrer la campagne environnante. Mais en route nous traversons un marché ! Aussitôt, nous faisons arrêter les voitures et nous voilà partis de marchande en marchande, à la stupéfaction des russes qui nous accompagnent. Sur les carnets fidèles nous inscrivons les prix des denrées (il se trouvera bien quelques contradicteurs pour assurer que les étiquettes avaient été changées le matin même en prévision de notre passage !) Les voici, en tous cas, très fidèlement transcrits : œufs, 38 kopecks les dix ; pain, 3 à 8 kopecks (selon couleur) la livre de 400 grammes ; beurre fondu, 50 à 63 kopecks, non fondu, 65 à 75 kopecks ; pommes, 6 kopecks la livre ; saucisson, 45 kopecks ; saucisson coupé, 25 kopecks ; sucre en morceaux, 32 kopecks la livre ; cristallisé, 26 kopecks : le savon, 20 à 25 kopecks.

Des chameaux marchent, flegmatiques, dans les rues de la ville. Nous en voyons aussi dans la campagne où nous débouchons bientôt par un quartier de la ville, construit sur une colline et qui brûla en 1921 : de pimpantes maisonnettes neuves commencent à s'élever auprès des ruines noircies. La large route serpente au flanc des collines qui entourent Saratov : pour éviter les ornières, les voitures roulent sur les côtés du chemin qui s'élargit d'autant. C'est sûrement l'un des points faibles de la Russie immense, ce mauvais état des voies de communication : quelle tâche formidable, de longue haleine, à accomplir dès que possible.

Une batteuse ronronne dans un champ. Détail curieux; comme le combustible est rare, la locomobile fonctionne avec la paille des céréales battues qu'un ouvrier enfourne au fur et à mesure dans le foyer. Les ouvriers nous montrent le grain. Dans un autre sac, avec les diverses impuretés, une espèce de poussière verte, la graine d'une plante qui se rapproche de l'oseille sauvage ou patience et dont on nous montre les grandes fortes tiges dépassant les bottes de seigle. Au temps de la famine, nous explique le camarade, on en fut réduit à faire du pain — et quel pain — avec cette graine poussiéreuse d'aspect peu engageant. (1)

---

(1) Dans le **Journal des Instituteurs** du 31 octobre 1925, un M. Brosso-lette, Inspecteur primaire à Paris, parlait encore, d'après un livre de M. Popoff, des pauvres Russes réduits à se nourrir du pain vert fabriqué avec des graines de « lébéda ». Triste imbécile !

Page d'un cahier (Élève de 9 ans)

Tout auprès, d'immenses champs de pastèques s'étendent à perte de vue. Sur les coins, de gigantesques tas de ces fruits ovales verts ou jaunes. 3 kopecks la pièce, les vend-on, et bon gré, mal gré, il faut goûter aux fruits savoureux, dégoulinants de fraîche sève, en empiler quelques-uns dans les voitures qui nous emmènent bientôt.

Nous grimpons tout au sommet des collines d'où l'on découvre le panorama de la ville de Saratov et une bonne partie de la vallée de la Volga. Un allemand féru de géologie se précipite vers une faille d'aspect intéressant, son manuel à la main. Nous l'attendons quelques instants, dégustant des pastèques, pendant que l'on nous photographie. Puis nous repartons, laissant une voiture à la disposition du retardataire.

Au retour, arrêt à l'Université de Saratov : plusieurs immenses pavillons que nous visitons tour à tour. On nous montre avec orgueil la progression constante des crédits affectés à l'établissement :

        324.553 roubles en 1923-24
        470.000   —   1924-25
        666.000   —   1925-26

Les étudiants paient ici plus ou moins selon les ressources de leurs parents. 4.000 étudiants versent 20.000 roubles par mois. 1.000 autres au contraire reçoivent chacun 15 roubles par mois de subvention (20 à partir de l'année prochaine) et ne paient pas de droit d'inscription. 50 % travaillent en même temps qu'ils étudient.

Tout le monde peut suivre les cours, sauf pour les laboratoires où les places sont en nombre limité. Les étudiants vivent ensemble en 5 maisons qu'ils régissent eux-mêmes en communauté. Les vacances durent du 15 juin au 1er octo-

La steppe (Dessin d'un élève de l'école allemande)

bre : toutefois, certains étudiants restent là. A la sortie du cabinet du recteur où l'on vient de nous donner les renseignements ci-dessus, ils nous font visiter les laboratoires de physique, de chimie, de sciences naturelles, la bibliothèque, l'amphithéâtre où quelques étudiants disséquent des cadavres.

Nous arrêtons dans la grande librairie de Saratov : journaux, revues, livres classiques ou autres, il y a ici une véritable avalanche de papier imprimé. Nous feuilletons des albums illustrés pour les tout petits, des recueils de textes choisis pour l'étude de l'allemand et même du français.

Je m'informe au sujet de la censure : existe-t-elle réellement pour toutes les productions, comme on me l'a assuré à Moscou. Mais oui, nous ne ne pouvons permettre aux Kérensky, aux tsaristes déguisés, soudoyés par les gouvernements impérialistes de partout, de venir empoisonner l'esprit de tout un peuple. La censure est inséparable de la dictature du prolétariat : temporaire comme elle, elle disparaîtra comme elle quand le monde entier aura fait la révolution (donc ça dépend de nous-mêmes) ou à tout le moins, quan l notre République socialiste sera assez solidement établie pour ne plus rien craindre des menées contre-révolutionnaires. Tant pis pour l'amour-propre égocentriste de quelques écrivaillons en mal de copie ! Je reste songeur ! dur à avaler aussi ce morceau-là. Mais il faut se placer devant les faits, et la réalité n'est pas souvent compatible avec le rêve, édifiant pour tout de suite une société idéale.

Des camarades veulent acheter un bloc-notes : naturellement on nous en offre tout de suite une pile. Un phonographe joue dans la salle de vente. Apletine, pincé sans rire, lui fait entonner une *Marseillaise* aux cuivres retentissants. Immédiatement, nos têtes découvertes se couvrent : satisfait, riant aux larmes, Apletine enlève le disque. Après des airs populaires russes, voici un discours de Lénine qui nous restitue la voix du disparu. Un admirateur zélé veut « acheter » le disque : bien sûr on le lui offre. Blutte me jette un coup d'œil : délégation de Vandales ! Oui, il en est qui exagèrent. Les Russes sont si heureux, si contents de nous voir parmi eux qu'ils offriraient bien tout ce qu'ils ont en magasin, mais ce n'est pas une raison pour tout emporter !

Après le déjeuner, nous nous promenons à travers la ville. Freinet voudrait acheter un faux-col mais le prix (1 rouble) en est prohibitif. Et la chemise coûte 5 roubles : tout ce qui concerne l'habillement est encore cher dans ce pays à l'industrie naissante.

Nous envoyons quelques cartes postales, les timbrant de vieux timbres tsaristes surchargés : bonne aubaine pour les philatélistes ! Mais beaucoup de ces cartes ne parviendront jamais à leurs destinataires.

Après dîner, nous repartons en auto au Polytechnicum d'abord : espèce d'immense école pratique supérieure où nous visitons les ateliers, laboratoires, salles de machines, etc... Puis à la bibliothèque aux spacieuses salles de lecture, aux réserves immenses, classées dans des caves sans fin. Coin rouge, salle de représentations : une bibliothèque parfaite et très fréquentée.

Durant le trajet, une jeune journaliste russe nous accompagne, elle parle à peine le français, mais les deux camarades qui l'encadrent sur la banquette du fond lui donnent des leçons hâtives. Et puis il n'est pas besoin de tant de connaissances linguistiques ! Blutte qui est assis près de moi

sur la banquette antérieure me pousse du coude et murmure « Hein, vieux ! *le génie de l'espèce* ! Il en fait faire
des grimaces et des contorsions ». Tout féru de Schopenhauer, ce brave Blutte est un peu morose ce soir.

Nous repassons par la maison des syndicats et au club
en plein air où le cinéma donne *le Voleur de Bagdad* avec
Douglas Fairbanks.

A l'hôtel, après le repas, comme c'est paraît-il notre
dernier jour ici, on en arrive aux discours. Neuf, sans les
traductions (multipliez donc par trois !) plus un, interminable, du délégué de la République allemande de la Volga.
Cela ravit nos camarades allemands, mais nous enthousiasme beaucoup moins ! Enfin ! nous regagnons nos chambres, en quête d'un repos bien gagné.

Dimanche 13 Septembre 1925.

Le fameaux bateau qui devait nous prendre à 9 heures,
ne sera là, dit-on, qu'à 2 heures de l'après-midi. Il s'est
ensablé en amont de Saratov, et a pris du retard. Pourvu
que nous puissions aller en Géorgie ? Enfin, après le déjeuner, nous repartons explorer le pays.

Au Musée d'abord, créé en 1885 par Bougalioubof,
neveu de l'écrivain Raditchef, disciple de Rousseau, exilé
en Sibérie par Catherine II. Il y a là des Gobelins du
XVI⁰ Siècle et surtout des faïences et porcelaines, caractéristiques de l'art russe. Des reliques aussi : couteau de
franc-maçon, plusieurs diplômes curieux, une cuiller de prisonnier, etc... Un portrait de Raditchef, une tête de Christ
par Ivanov, le plus grand peintre russe du XIX⁰ siècle (nous

assure notre guide), un beau portrait de Bougalioubov par Répine, deux Monticelli. Quelques icônes, en petit nombre relativement, car Saratov est une ville moderne, datant de la fin du XVIe Siècle.

Nous partons à la campagne toujours par les mêmes routes défoncées, à toute vitesse, conduits par des chauffeurs émérites qui ne laissent pas de nous inquiéter parfois avec leurs virages savants et leurs freinages brusques.

Voilà une ville enfantine, installée dans un groupe de villas : 80 enfants sont ici, surtout des espiègles, d'humeur instable, recueillis dans les diverses écoles et asiles. Ils ont de 9 à 14 ans : la plupart sont orphelins. Ils suivent 4 heures de cours chaque jour et font 4 heures de travail au jardin et à la ferme attenante. Il n'y a pas de répression avec ces anormaux : la persuation seule est employée. 10 se sont sauvés cet été ; la plupart reviennent d'eux-mêmes. Ce sont les enfants réunis qui les blâment. En goûtant aux excellentes pommes de la maison, nous regardons l'un de ces enfants, l'un des champions de l'évasion. Une tête typique de dégénéré : la bouche en bec de lièvre, une lèvre absente, rafistolée avec des lambeaux de peau du crâne, ce qui lui donne deux moustaches horribles. Il ne tardera pas à se sauver de nouveau, assure l'un des instituteurs. Et que faire, avec de tels rebuts humains, tristes restes de la guerre et de la famine ! Quel problème terrible.

Il n'y a que 4 pionniers dans cette école. Et aucun communiste parmi le personnel. L'entretien d'un enfant coûte 5 roubles 50 kopeks par mois (la colonie récolte elle-même une grande partie des produits nécessaires à la nourriture) 9 instituteurs et 9 employés techniques payés par le Commissariat du Peuple à l'Instruction Publique, sont affectés à l'établissement. Nous visitons tout de fond en comble : jardin, dortoirs, sale de classe, réfectoire, etc... admirons le journal mural, les décorations diverses... Puis, en route, à regret, au milieu des acclamations de toute cette jeune population rassemblée.

A 30 kilomètres de Saratov, nous arrêtons à une maison de repos, qui occupe tout un groupe de villas désaffectées. L'établissement est géré par la caisse d'assurances sociales de Saratov. Il comprend 350 places, 2.800 ouvriers y sont déjà venus cette année, se reposer pendant 15 jours chacun. On a compté là-dedans 192 travailleurs de l'enseignement, venus par 8 groupes de 24. En général, il y a 85 à 90 % d'ouvriers parmi les pensionnaires ; le reste comprend les employés. Ils sont recrutés à l'usine parmi les plus fatigués. Le Comité d'usine les envoie à une commission de médecins, puis une autre commission les répartit entre les divers sanatoriums ou maisons de repos. Toutes les places sont données à l'Union des Syndicats qui les répartit entre les syndicats. Cette année il est venu 1.126 hommes et 318 femmes : il faut y ajouter parmi les jeunes. 575 hommes et 240 femmes.

Les usines versent 14 % du montant des salaires (non déduits des 100 %) dans la caisse des assurances sociales. Tout ici est absolument gratuit. Il y a quatre maisons semblables dans le Gouvernement de Saratov. Ici on a reçu cette année 68.000 roubles, dont 50.000 ont été consacrés à la nourriture, le reste à l'entretien.

Les 4 repas journaliers sont compris de telle sorte que chaque pensionnaire reçoive la valeur de 4.200 calories par jour. Le poids augmente en moyenne de 2 à 3 kilogrammes par quinzaine.

Les camarades nous annoncent avec fierté que 1.421 maisons de campagne, châteaux et villas furent ainsi réquisitionnés aux environs de Saratov, puis transformés en dispensaires, sanatoriums, préventoriums.

Pour l'instant, il s'agit de déjeuner. Sous un grand hangar de bois, on nous sert sur des tables rustiques, en des plats d'aluminium, un frugal et copieux repas. Une soupe épaisse aux légumes abondants, un bifteck accompagné de pommes et de macaroni, une assiette de gelée rose (confiture de pastèque ?) un peu fade mais rafraîchissante. Pour boisson du lait délicieux.

Ensuite nous fumons maintes cigarettes à la représentation donnée en plein air par le groupe théâtral vu l'autre soir au club ouvrier de Saratov. Pièces d'actualité, auto-critique des mœurs. Le régime des coopératives d'abord : deux acteurs au pied d'un écriteau symbolisent la coopérative et le marchand particulier : celui-ci empressé devant sa clientèle, prévenant, ayant en magasin tout ce qu'il faut : l'autre, je m'enfoutiste et négligé. Un médecin arrive avec une immense tenaille, arrache au gérant de coopérative les grosses dents malades qui le font souffrir et qui s'appellent : Négligence, mauvais approvisionnement, nonchalance, etc., etc.

Puis une satire du mariage autrefois et aujourd'hui : de vieux paysans sur les conseils du pope, veulent marier leur fille à un riche héritier qu'elle n'aime pas. Mais la fille acquise aux idées nouvelles se sauve avec celui qu'elle aime et vit avec lui.

Des chœurs révolutionnaires, des chansons paysannes alternent avec les pièces : il y a même des ballets et une musique. Mais il faut partir : le bateau est, paraît-il arrivé.

Nous courons au tramway qui passe non loin de là. escortés par toute la colonie, désolée de notre brusque départ. La musique suit, joue l'Internationale que nous reprenons tous au refrain. Et c'est encore une minute émouvante que cet adieu aux amis inconnus qui voudraient nous garder plus longtemps parmi eux. Hélas, ils ne sont pas seuls à regretter l'horaire inexorable.

Le tramway file à travers la campagne : des champs de chanvre, de tournesol, de millet, entrecoupés d'étendues désertes, de bosquets clairsemés. Notre pensée retourne vers l'idéale maison de repos des ouvriers de Saratov... Bientôt, les premières maisons annoncent la ville. Nous rentrons à l'hôtel.

Une tasse de thé, puis la discussion reprend dans les chambre sur notre itinéraire. D'aucuns (dont les camarades du Luxembourg qui reprenne leur classe le 21 !) ne veulent pas aller au Caucase. Soit ils nous abandonneront à Staline-grad, rejoindront Moscou. Ceux de la première délégation qui nous ont accompagnés, nous quitterons ici. Mais, à huit (les 4 Allemands, Blutte, Françon, Porto et moi) nous insistons pour voir la Géorgie : satisfaction nous sera donnée. Il y a encore moyen d'aller à Tiflis et d'être rendus à Moscou le 25. Ce sera juste : il ne s'agit pas de rentrer en France après la rentrée et de fournir comme excuse que nous étions en Russie ! Tant pis.

Rien ne presse encore ce soir : le bateau ne sera pas

Un repas à Saratov

prêt avant demain matin. Après le dîner, ceux qui veulent aller au cirque y vont avec l'ami Chapoan. Les autres se reposent.

Ce cirque n'est pas mauvais du tout. Il y a même des numéros épatants. Des clowns inénarrables, qui font mille tours — et nous n'avons pas besoin d'interprète ! — Des acrobates : un notamment qui, juché au sommet d'une échelle simple et non soutenue, joue du clairon, du piston, même du violon !

Un projet de loi défendra sous peu ces exercices dangereux s'il n'y a pas de filet, annonce Chapoan. Et il ajoute que le syndicat puissant des artistes forains est un des plus révolutionnaires et la plus internationale d'esprit des sections du syndicat des artistes. Il ne s'accorde pas beaucoup d'ailleurs avec les « as » des planches : ténors et barytons.

Vers la fin de la séance, une pluie diluvienne tombe, traverse bientôt la toiture improvisée. Nous filons, regagnons à grand peine les autos en traversant une vraie rivière formée en un clin d'œil sur la place.

Heureusement un bon souper chaud nous attendait. Ce n'est plus guère la peine de se coucher. Nous entamons une dernière manille dans la chambre, en attendant le signal du départ.

Vers deux heures du matin, grand branle-bas. Bientôt tout le monde est en bas avec valises et paquets devant la porte de l'hôtel. Nous faisons les cent pas sur le trottoir en grillant une cigarette. Boyer, mari modèle, accroupi sur sa valise, écrit de longues lettres à sa femme.

Enfin les taxis arrivent, et, en quelques fournées, ont tôt fait de nous emmener au quai, près du fameux bateau, enfin arrivé. Le long du fleuve, c'est une véritable mer humaine : hommes, femmes, enfants sont couchés là pêle-mêle, certains depuis plusieurs jours, dans l'attente du fameux bateau. Ils campent là en plein air, mal emmitouf-flés, dans des couvertures loqueteuses. A peine pouvons-nous passer parmi ces grappes humaines, sur la berge parsemée de colis, de pastèques et de graines de tournesol.

Avec Blutte, je suis affecté à la chambre 13. Après un bon bain chaud — plus bouillant que chaud ! — et dont nous avions grand besoin, nous ne tardons pas à dormir à poings fermés.

Vers 6 heures du matin, le bateau était parti, lentement, laissant là sur la berge la plus grande partie de ces énigma-tiques voyageurs en route vers quelle destination ?

Lundi 14 Septembre 1925.

Nous nous levons vers dix heures et demie pour déjeuner. Puis nous prenons possession du bateau : un beau bâti-ment, ma foi, qui descendait la Volga, d'une allure rapide. Joli spectacle que celui des berges fuyantes, mais un peu monotone et vite mélancolique : trop de choses que l'on voudrait voir plus en détail, ces petits villages enfoncés au creux des vallons, ces berges pittoresques surplombant le fleuve du côté rongé par l'érosion, etc., etc...

Nous rentrons au salon-restaurant, entamons une manille sur des petites tables de côté. Le repas arrive — re-ballade sur le pont —. Les passagers de 3e classe sont campés là, avec leurs bagages, comme ils l'étaient ce matin sur la berge du fleuve, dévorant leurs provisions extraites de sacs mystérieux, confectionnant le thé avec l'eau chaude qu'on leur fournit ici comme en chemin de fer.

Ce tableau choque notre sentiment égalitaire, et nous en faisons l'observation à Chapoan. Il sourit : il a dû en entendre bien d'autres déjà !

« Comme on voit bien que vous vivez dans la lune, et que vous n'avez jamais été aux prises avec les mille réalités quotidiennes de la Révolution. Ah ! comme c'est joli, n'est-ce pas — et facile ! — de bâtir en rêve une société idéale. Et si facile au spectateur de se retourner, dégoûté, lorsqu'il aperçoit une petite tache sur le tableau. Autre chose de le faire le tableau sans tache. Comme on voit bien que vous ne vous êtes jamais mis au « boulot ». Le cas échéant, je vous souhaite seulement de réussir comme les Russes.

Revenons à nos premières et troisièmes classes. Admettez-vous que nous avons eu autre chose à faire jusqu'ici que construire des bateaux et des trains à classe unique, qu'il faut se servir du vieux matériel tant bien que mal.

— Oui, mais que l'on donne des bonnes places à tout le monde.

— Ah ! bon. Et à qui, s'il vous plaît ? Au plus fort, à celui qui, par la force des coudes, y arrivera le premier, au risque d'en culbuter quatre ou cinq dans la Volga auparavant ?

Dix voix fusèrent :

— Mais non, mais non : il n'a jamais été question de cela.

— Ah bon ! Et alors, comment répartirez-vous les premières ?

— Aux femmes... aux enfants... aux vieillards... aux malades... aux mutilés...

— Supposons que vous arriviez à vous mettre d'accord pour commencer, oh ! supposons-le : vous donnez les premières aux femmes. Vous avez 50 premières places et 35 femmes seulement à ce voyage. A qui donnerez-vous les autres places ?

— ......

— La fois suivante, vous avez 70 aspirantes pour vos 50 places. Lesquelles éliminerez-vous ? Leur ferez-vous passer un concours ?

— ......

— Et la fois suivante pourquoi 10 femmes montées à Saratov, alors que les premières étaient complètes depuis Kazan, n'auraient-elles pas droit à leurs places ?

— ......

— Non, voyez-vous, il ne faut pas toujours regarder au microscope les puces du lion et crier à cor et à cri que des hyènes monstres dévorent déjà son cadavre ! Persuadez-vous que la Révolution russe poursuit lentement, difficilement, mais patiemment son dur chemin ; qu'elle a encore beaucoup d'obstacles à vaincre, qu'elle en a vaincu beaucoup, les plus gros. Elle vaincra les autres aussi. Et sans doute votre aide ou votre hostilité, à vous Occidentaux, seront pour beaucoup dans la plus ou moins grande rapidité du résultat final... Nous n'avons pas encore réalisé une société parfaite : qui oserait le prétendre, sauf quelques imbéciles ! Mais nous sommes en route vers une société meilleure. Voilà ce qui importe et ce qu'il faut dire.

Mettez-vous à notre place, demandez-vous à chaque instant ce que vous auriez fait, vous, en telles circonstances et vous verrez que ce n'est pas si facile qu'il le paraît au premier abord. « La critique est aisée, l'art est difficile » comme disait ce vieux Boileau. Soumettez-nous vos suggestions, nous les examinerons (bien souvent nous les avons déjà examinées). Mais ne nous critiquez pas ainsi, mesquinement, pour le plaisir de critiquailler.

Pour en revenir au bateau nous avons gardé le système des places à prix différents. Comme l'entreprise est nationalisée, l'argent des étrangers et nepmen qui utilisent les premières entre dans la caisse de l'Etat. Vous y verrez aussi, en première, des militants syndicaux ou politiques qui y voyagent à prix réduit. Pour vous-mêmes le syndicat paie un tarif réduit. Et pour ce qui est de votre délégation, si on ne vous faisait pas voyager en première classe et avec tout le confort possible, il y a longtemps que vous seriez sur le flanc ! Un tel parcours en si peu de temps ! D'ailleurs il y en a encore qui rouspètent et qui trouvent que ce n'est pas encore assez chic ! Je ne sais pas comment ils sont chez eux, mais je sais bien que ce sont ceux-là qui... nous attaqueront le plus une fois retournés chez eux... », ajouta-t-il à mi-voix.

J'avoue que cette conversation m'a laissé un souvenir indélébile et je demande à tout homme de bonne foi d'y réfléchir un peu.

*
*

Apletine nous a suggéré pour occuper la longue soirée de donner une représentation, un journal vivant, une gazette parlée comme dans les clubs ouvriers, les maisons de repos. Le sujet ? Eh ! mais, « le bateau », ce bateau que nous attendions à Saratov et qui commençait à nous paraître légendaire. Soit ! Au travail : il y aura trois actes : un acte allemand, un acte russe, un acte français. Aucun lien : ce n'est pas la peine. Chacun traitera le sujet à sa manière.

Les groupes se forment : on marche à grands pas sur le pont, on se réunit dans les cabines pour des conciliabules mystérieux. Le soir arriva vite.

Dès le dîner achevé, on rangea la table, et. la repré-sentation commença. Les allemands avaient surtout com-posé des chansons sur divers airs populaires et toute la délé-gation nombreuse, reprenait en chœur au refrain. Je vois encore Hartig chantant à plein gosier telle strophe où il parlait du Lion des Flandres donnant la patte à l'Ours Russe ! Krüger s'en donnait à cœur joie, « faisant trem-bler » le bateau par sa grosse voix. (Clément était venu nous prier de ne pas le charrier dans notre revue commune. Quelques Allemands conscients et gênés de la bêtise de leur compagnon l'avaient chargé de cette démarche. Nous pûmes le rassurer de suite, n'ayant nullement songé à cet encombrant personnage.)

L'intermède français arriva : piteux, nulle suite, aucune action. Quelques couplets sur des airs de *Veuve Joyeuse*. Une amusante parodie de Clément en président de la délé-gation par Blutte. Il fallait le voir s'avancer avec son édre-don sur le ventre, engoncé dans son imperméable, et solen-nel, prendre la parole après avoir respiré 3 ou 4 fois :

« Lieber genossen und Genossinnen;

« In nahme der kameraden und kameradinen, von Deutschland, Belgien, Frankreich, Italien, Portugal, und Luxembourgs...

Une pause (le discours) et la formule finale, tellement entendue, comme le début, que tout le monde la connais-

sait et commençait à applaudir dès qu'il la commençait :
    « E lebe die einheit das Prolétariat.
    « Es lebe die Internationale der Bildungs arbeiter. »
    Puis Geley, qui obtin t un succès de fou-rire quand on
aperçut ce grand gaillard dégingandé traîner sur la scène,
au bout d'une ficelle, un minuscule *bateau* en papier.
    Vint le tour des russes. Peu nombreux, ils chantèrent
plusieurs mélopées sur de vieux airs du pays. Nous ne com-
prenions pas les paroles qui faisaient souvent allusion à la
délégation. (Chapoan, mobilisé comme chanteur, nous l'expliqua après, et Apeltine en chantonna durant tout le reste
du voyage). Mais nous fûmes grandement émus par cette
belle musique qui clôtura dignement la soirée.
    Porto, qui n'avait participé à rien, fit la critique orale
de la représentation : ce fut un modèle d'ironie légère.
Une tasse de thé et tout le monde s'en fut coucher.

                                Mardi 15 Septembre 1925.

    A six heures du matin, j'étais debout. Pendant que les
hommes de service lavaient le pont à grand eau, je bavar-
dais avec un passager de seconde classe, menuisier russe,
qui avait travaillé à Hamburg. Malheureusement, il parlait
fort peu l'allemand, moi de même et notre entretien fut fort
limité.
    Vers huit heures, Stalinegrad (l'ancien Tsaritzine) se
profile sur la berge droite. Le bateau ralentit, tourne, va
s'amarrer au quai.
    Des camarades, enthousiastes, nous attendent. Pas de
discours cette fois. Vite en tramway et à l'hôtel. Là, durant
un déjeuner copieux, on s'expliquera. Discours de bienve-

nue et décisions à prendre. Il faudra se diviser en deux groupes : ceux qui rentrent à Moscou et qui ont le temps de visiter en détail la ville, ses écoles, etc., ceux qui vont en Géorgie et qui, en attendant le train de 11 h. 1/2, auront le temps de voir une école.

En route donc. Chapoan, retenu par ailleurs, ne nous accompagne plus. Mais une femme qui marche à côté de nous, semblant se rendre au marché, nous entend parler français, se rapproche de nous. Elle parle fort bien notre langue et ce bon Porto — que nous avons nommé Président de la nouvelle délégation, puisque Clément nous abandonne ! — Porto mobilise l'inconnue comme interprète.

Voici l'*Ecole Feodorova*, *une école de sept ans*, comme ils disent, où viennent les enfants de 7 à 14 ans. Il y a 400 élèves, enfants d'ouvriers et employés syndiqués en grande majorité. Quatre divisions pour le premier degré et trois pour le second degré : mais comme il y a des classes parallèles, cela fait dix classes en tout.

Justement c'est le jour de la rentrée. On est en train d'inscrire les élèves, de les répartir entre les classes. Une foule de marmots et de fillettes gazouille dans la cour, dans les couloirs de la ruche bourdonnante.

Quelques maîtresses distraites de la besogne d'inscription se mettent à notre disposition. L'autre groupe nous a rejoint, ayant décidé de visiter la même école que nous.

La méthode employée ici est surtout celle des excursions et des promenades. Il y a des classes bien tenues et des laboratoires de physique, chimie et histoire naturelle, que plus d'un d'entre nous envie pour sa classe. Comme langue étrangère on apprend ici le français. Un tiers des enfants appartiennent à l'organisation des pionniers. La culture physique consiste surtout en exercices pratiques : il y en a deux heures par semaine.

Et la discipline ? c'est un des sujets qui nous intéressent le plus. Chaque classe est divisée en cinq escouades qui nomment chacune un guide. Le conseil formé par ces guides administre la classe : trois se chargent de la discipline, un de l'état sanitaire et un des questions diverses. Au-dessus il y a un comité d'école formé de trois élèves élus en assemblée générale de tous les élèves, mais on ne fait appel à lui que dans les cas graves, rares.

Que de questions à poser encore. Mais Apletine nous fait signe : il est temps de partir. Nous laissons le soin de continuer l'enquête ici aux autres camarades de la délégation. Adieux émus à certains : nous avons appris en ces quelques jours de vie commune à les estimer, à les aimer. Pour d'autres, c'est plus rapide : nous aimons autant en être séparés (l'homme qui faisait trembler les villes, par exemple).

Je ramasse un beau cahier de récitations, œuvre d'une fillette de 12 à 13 ans, que j'ai remarqué tout à l'heure dans la salle où l'on avait réuni les vieux cahiers de l'année dernière. Blutte n'est pas content : délégation de vandales, et puis la valise commune que nous avons constituée à Moscou est déjà archi-bondée.

Nous ne sommes plus que huit membres de la délégation à partir au Caucase : Karsen, Würtz, Hartig, et Margarete Bauer, Blutte, Françon, Porto et moi. Nous accompagnent : Apletine, Chapoan et le jeune trésorier du Syndicat russe des Instituteurs : Abramson. A onze heures trente, nous prenons place en trois compartiments de wagon-lit, dans le train qui nous attend en gare.

Nous commençons par dîner grâce aux provisions qu'Apletine, prévoyant, a fait acheter par Abramson. Des plaines infinies se déroulent : plaines de la Volga, du Don. Des steppes couvertes d'herbes blanchâtres, décolorées. De ci, de là, très rares, des villages minuscules. Le long de la voie, l'on aperçoit assez souvent les traces de la guerre civile entre Rouges et Blancs : gares en ruines, ponts détruits, maisons démolies, etc...

Vers le soir, nous arrêtons à Kotielnikova. Il n'y aura pas de wagon-restaurant dans le train tant que nous n'aurons pas rattrapé — demain — la grande ligne Moscou-Rostov-Bakou. Le soir, il nous faut donc dîner au buffet de cette gare, les provisions du midi presque épuisées, s'avérant notoirement insuffisantes. Et en vitesse : 12 minutes exactement pour avaler un repas d'ailleurs bon, mais vraiment trop précipité. Une soupe copieuse (et chaude avec cela !), de la viande coupée en menus morceaux dans une sauce brune délicieuse, des frites mousseline, une gelée de fruits pour dessert.

Mais comment apprécier tout ça : la dernière gorgée n'est pas encore avalée qu'il faut déjà remonter en voiture.

Hartig est malade : on lui a remonté des fruits, des boissons. A la lueur d'une bougie (notre voiture n'est pas éclairée par suite de je ne sais quel accident !) nous entamons une nouvelle manille, en grillant des cigarettes dont Abramson a emporté une provision suffisante.

Et bientôt chacun s'étend sur sa couchette où l'on dort aussi bien que dans une chambre sur un bon lit ordinaire.

Mercredi 16 Septembre 1925.

Dès cinq heures du matin, debout ! Nous arrivons à Tikhoretskaja, où il nous faut changer de train. Le temps de boire au buffet quelques savoureuses tasses de thé agrémentées de biscottes et voilà notre Moscou-Bakou qui arrive. Heureusement on nous y a retenu par téléphone trois compartiments.

La plaine change quelque peu d'aspect par ici : des cultures viennent tacheter la monotonie des désespérantes steppes.

Vers 9 heures, nous arrêtons à Kavkaskaja. Nous avons le temps de déjeûner ici, au buffet de la gare : on nous fera goûter du wagon-restaurant au retour. Un demi-poulet avec des frites, du mouton, un gâteau sec, du vin du Caucase ; en 30 minutes d'arrêt on a le temps d'apprécier cela, un peu mieux qu'hier au soir !

La plaine devient décidément très fertile ; des champs de maïs presque mûr, bruissant à la brise, des tournesols qui se dessèchent. Des clôtures de roseaux les limitent. Sur les bas-côtés de la voie, pieds nus, des ouvriers garés, attendent le passage du train pour se remettre au travail ; hommes et femmes sont mêlés. Soudain, un village blanc dans les arbres, sous le soleil fulgurant, évoque un coin de Provence. La gare : le train ralentit, s'arrête quelques minutes. Une nuée de vendeurs s'abattent sur les quais, exposant leurs marchandises aux voyageurs descendus en hâte ; melons, pastèques, raisins, œufs, lait, poulets tout rôtis, pain, etc., etc... Un vrai marché bourdonnant s'établit sur le quai de la gare tout à l'heure si silencieuse.

A l'une de ces gares, Apletine acheta ainsi, à 50 kopecks pièce, plusieurs poulets rôtis pour nous permettre d'attendre le souper du soir, encore éloigné paraît-il, sans trop d'impatience. Quant aux pastèques, il y en avait toujours une bonne réserve sous les banquettes et nous ne craignions pas de souffrir de la soif !

A un autre arrêt nous vîmes surgir de dessous les wagons, 4 ou 5 garnements aussi noirs que des mineurs, qui se mirent à piailler : « Adin kopeck... adin kopeck... » devant les fenêtres des compartiments. L'un de nous ayant eu la naïveté de leur jeter quelque menue monnaie, tous se rassemblaient là, redoublant de cris. Nous en avions les oreilles écorchées. Heureusement la cloche retentit. Le train allait se remettre en route. Esquivant les employés de chemin de fer, les galopins s'égaillèrent, disparurent, regagnant leurs mystérieux abris sous les wagons.

Nous interrogeons Apletine à ce sujet. Il y a longtemps que des enfants voyagent ainsi sous les trains. Et naturellement, depuis la guerre et la famine, avec tous les orphelins qui en quelques années se sont trouvés sur la rue, sans abri, sans le sou, le fléau n'a fait qu'augmenter. On construit des écoles, des pensionnats pour eux (comme celui que nous avions vu auprès de Saratov l'autre jour), mais il est difficile de les y retenir : élevés à la dure, sans affection, habitués au froid et à la faim, ce sont des hors-la-loi qu'il sera difficile d'incorporer jamais dans une société.

La conversation continue sur la situation en France : le Syndicat national, la Fédération de l'Enseignement, nos traitements, les questions corporatives, etc...

Au passage, Chapoan nous fait remarquer le mont Kindjar (poignard), longue aiguille effilée qui se dresse iso-

lément dans la plaine, à gauche de la ligne du chemin de fer,
Non loin de là, un village avec une mosquée. A droite, à
35-40 kilomètres, on aperçoit deux monts : le Dromadaire,
puis quatre autres. L'Elbrouz (les seins) reste invisible dans
la brume.

Nouvel arrêt à Minéralni Vody : 30 minutes à
nouveau pour dîner, mais le train a un peu de retard et
nous serons obligés de nous presser. Dommage, car on nous
sert après la soupe, un plat national du Caucase : du mouton rôti avec des oignons crus, des tomates, du persil, des
aubergines, etc... Un mouton exquis, comme je n'en avais
et n'en ai jamais plus mangé : sans aucun goût de suif, ni
de graisse. On m'avait montré dans la campagne les moutons du pays portant sur leurs cuisses deux excroissances
graisseuses où se réfugie toute cette odeur spécifique de
l'animal : ce qui explique que la chair en soit ensuite dé-
pourvue et paraisse si bonne.

La cloche sonne : Blutte et moi quittons la table les
derniers ; emmenant notre reste de mouton dans le coin
de la serviette en papier. Le plat est trop bon pour que nous
puissions le gaspiller.

Une partie de cartes et la soirée se termine vite. A minuit, en gare de Beslan, il faut abandonner ce beau wagon
confortable, emprunter une ligne secondaire. Mais d'abord
au buffet : buvons quelques tasses de thé avec de bonnes
biscottes pour fêter notre arrivée au pays du Caucase.

AU CAUCASE

Jeudi 17 Septembre 1925.

Le petit train part à 1 heure du matin : il fait nuit noire,
la gare est à peine éclairée. Par surcroît, Abramson a oublié
de téléphoner pour que l'on nous retienne des places de
première. Rien à faire, il est trop tard : nous nous engouf-
frons tous dans un wagon de 3ᵉ classe où nous réussissons
à trouver des places dans deux compartiments voisins, pas
trop encombrés.

De larges banquettes ; au-dessus des planches aussi
larges que l'on étale en couchettes pour la nuit. Certes l'on
pourrait sommeiller. Mais ça nous semblerait dur après nos
banquettes du wagon-lit. Et puis dans une heure nous serons
rendus : cela ne vaut pas beaucoup la peine de s'endormir.

Réunis dans un coin avec Chapoan, nous resortons avec
Blutte, quelques bonnes histoires, empruntées pour la plupart au savoureux recueil de Ramond : *Histoires marseillai-
ses,* qui viennent de paraître. Puis chacun ajoute des com-
pliments de son crû : anecdotes grivoises, charades, bons
mots, etc...

Chapoan suggère qu'il y aurait eu un recueil colossal

à composer avec toutes les anecdotes lancées à l'occasion de la mort de Lénine. En voici une qui n'est pas mauvaise :

« Lénine, mort, se présentait au ciel. Mais Saint Pierre l'arrête, l'interroge :

— Qui es-tu ?

— Vladimir Illitch Lénine.

— D'où viens-tu ?

— De Moscou.

— Qu'as-tu fait pour mériter le ciel ?

— Délivré le peuple russe de l'esclavage.

— Combien as-tu donné au pope de ton village ?

— ... rien.

— Alors veux-tu te sauver, va-nu-pieds, le ciel n'est pas pour toi. »

Tout atterré, Lénine s'en va, s'assied au bord du fossé, le long du chemin. Passe Lucifer, toujours en quête d'un bon tour à jouer à Saint Pierre. Il interroge Lénine, lui fait raconter ses malheurs. Il sort un grand sac de sous son manteau, y engloutit mon Lénine : « Ne bouge plus, fais le mort et dans dix minutes, tu auras franchi la porte du Paradis ».

Il s'empresse, le paquet à la main, en messager affairé, vers Saint-Pierre.

« Vous n'avez pas un Karl Marx, parmi vos pensionnaires, un socialiste allemand ?

— Si.

— Eh bien, voici l'intérêt de son *capital* ».

Et tandis qu'un ange s'empresse pour transmettre le précieux colis au destinataire, Lucifer s'en fut, riant sous cape !

Deux heures et demie : nous voici à Vladicaucase. Enthousiastes et dévoués des camarades nous attendent à la gare. Une file de petites voitures légères, attelées chacune de deux chevaux fringants, sont là. En route vers l'hôtel, à travers la ville endormie, aux larges avenues ombrageuses. De ci, de là, un milicien, carabine en bandoulière, au coin d'une rue.

Nos hôtes pensent que nous resterons ici quelques jours, ils ont justement un congrès du syndicat régional. Hélas ! notre horaire implacable nous hante : rien à faire. Ils ne désespèrent pas, croyant encore que tout va s'arranger. Nous faisons confirmer par Apletine que nous partirons bien d'ici aujourd'hui même. Mais oui, à 8 heures, par un auto-car spécial.

En attendant, étalons-nous durant quelques heures, tout habillés, sur les six lits de cette chambre que l'on a mise à notre disposition, dans l'hôtel endormi. Pas question de dormir, non, mais tout de même se reposer un peu. Chapoan qui est habitué à ces randonnées, dort déjà à poings fermés.

A cinq heures et demie, réveil. Après une brève toilette, nous nous sommes réunis à la salle à manger de l'hôtel où nous attend un casse-croûte copieux : du mouton, du poulet, du fromage, du pain, du beurre, le tout arrosé d'un excellent petit vin rosé.

Les camarades de l'endroit font un dernier effort pour nous retenir, mais il n'y a rien à faire. Nous sommes désolés, si touchés de leur accueil tellement cordial, navrés de ne pouvoir leur être agréables. Au moins, nous irons voir le beau jardin de la ville, si curieux ? Hélas ! même pas le temps. L'autocar qui nous est réservé nous attend déjà.

Il est temps de partir, si nous voulons arriver à Tiflis ce soir. Car il y a près de 250 kilomètres à faire dans la journée : de plus, entre Goudaour et Mlete, la route grimpe jusqu'à 2.346 mètres d'altitude : ce n'est pas une excursion banale qu'il s'agit de faire. Adieu donc aux bons amis que nous laissons ici, avec tous nos regrets.

Je me suis casé au fond de la voiture, à côté de Chapoan. Mais au moment de partir, Karsen remet tout en question : il est trop serré sur la banquette de devant auprès du gros père Wurtz. Il lui faut une autre place : celle de Chapoan. Soit, et sitôt le monsieur casé, en route.

Bientôt, nous avons quitté les quartiers chics de la ville : dans les faubourgs populeux, aux rues moins larges, oies, moutons, dindons se pavanent, fuient nonchalemment devant la voiture mugissante.

La route devient vite pittoresque, s'engouffre dans des vallons en ravin, grimpe en lacets aux flancs de montagnes nues, désertiques. Paysages sauvages, écrasants, un air vif qui nous réveille vite complètement. De ci, de là un village éparpillé dans un repli de la vallée. Des auberges clairsemées, montant la garde au long de la magnifique route, bien pavée — contraste ! — qui traverse de part en part le Caucase. Au fond d'une vallée étroite, le château de la princesse Tamara, accroupi, évoque les temps anciens. Des corps de garde isolés surveillent les défilés. Et la superbe route militaire osséte, continue, imperturbable à travers les gorges désertiques, aux parois à pic.

Nous arrivons au village de Kasbeek, devant la montagne du même nom. Bref arrêt à l'auberge où nous nous rassasions de limonade et de vodka, au choix. Wurtz convient qu'il y a du bon « schnaps » en Russie ; du coup il

Château de la princesse Tamara

est plus joyeux et entame un cigare monstre, extrait de je ne sais quelles réserves mystérieuses.

Brève balade aux environs : des gamins nous offrent des pierres, ramassées dans la montagne (cristal de roche, pyrite, minerai d'argent prétendent-ils !) Dans une boutique minuscule, nous admirons de belles cartes photographiques, trop chères hélas, pour notre bourse.

Bientôt nous repartons. La route devient plus étroite, surplombe le précipice, tandis que des rochers inquiétants s'avancent au-dessus de nos têtes. Chapoan explique que les montagnards appellent ce défilé : « Mon Dieu sauvez-nous ».

Ensuite, le paysage devient plus accueillant : des villages étalent leurs maisonnettes sur les flancs moins escarpés. Des cultures s'étendent. quadrilatéres jaunes ou bistres. parmi les rochers, jusqu'à des altitudes incroyables. On se demande comment ces champs peuvent être cultivés : il n'y a guère que des chèvres ou des chamois qui puissent y arriver.

Nouvelle halte à Narzan : nous connaissons depuis notre arrivée en Russie, l'eau gazeuse qui popularise ce nom. Les sources jaillissent parmi les rochers et le lit des rivières s'étend, tachant de rouge le fond de la vallée. Nous goûtons l'eau fraîche dans des gobelets que nous prêtent quelques gamins à l'affût d'un pourboire

Les belles montagnes neigeuses se profilent à l'horizon. apparaissent, disparaissent, selon les détours du chemin. Des glaciers étincelant au soleil étendent leurs nappes immaculées. Mais l'auto avance toujours, et l'on voudrait emplir le souvenir de ces paysages inoubliables. Maintenant la route s'engouffre sous des tunnels solides, en pierres, en

bois : protection contre les avalanches dont la chute empê-
cherait souvent tout trafic en hiver. Quelques-uns sont
éboulés : la circulation est dérivée, tandis que des ouvriers
remettent tout en état, en prévision de l'hiver qui approche.

Nous avons dépassé le point culminant du trajet : la
route commence à descendre à travers des vallées de plus
en plus fertiles. Le paysage devient moins austère. Des
paysans travaillent dans les champs. Sur la route des gamins
de tous âges, dansent en chantent à notre passage, nous
jettent des fleurs, suppliant qu'on leur donne des kopecks,

Au Kasbeek : Les marchands de cailloux

des cigarettes. Un jet d'eau chantonne au détour de la route. Les montagnes se couvrent de forêts sombres ou rougeoyantes.

Arrêt à Pasanaour, qui est déjà une agglomération conséquente. Nous y déjeunerons. Dans la cour de l'hôtel, un ours enchaîné fait fonction de chien de garde, plutôt maussade. La table est vite mise pendant que nous opérons une toilette sommaire.

Le repas est copieux : bifteck aux pommes et une omelette géante pour les plus gourmands, avec du bon vin du pays.

Mais il ne faut pas trop s'attarder : il reste encore près de 100 kilomètres à faire et l'après-midi est déjà bien avancée. Regagnons l'auto : Karsen qui arrive, maugrée comme toujours.

« Wullens, ma place est très mauvaise, vous devriez changer avec moi ». Ah ça ! est-ce que tout le monde est aux ordres du Monsieur : matin et soir va-t-il tout chambarder pour avoir ses aises ? Je fais la sourde oreille. Apletine, souriant, donne le signal du départ. Karsen boude à son aise.

Le pays, très boisé, fertile, est de plus en plus habité, de plus en plus agréable. Très belle la grande montagne, mais je m'en fatiguerais vite · une telle sensation d'étouffement, de grandeur âpre, d'isolement...

A 50 kilomètres, vers Douchet, nous rencontrons une délégation d'instituteurs de Tiflis, venus à notre rencontre en auto. Salutations cordiales : Apletine descend, monte dans leur voiture. L'un d'eux le remplace dans la nôtre.

On sent l'approche de la grande ville : des voitures commencent à encombrer la route en tous sens. Attelages divers : bœufs, chameaux, de rares chevaux. Aucun souci de la circulation : tout ce monde suit tranquillement à la queue-leu-leu. D'autres croisent à droite, à gauche, sans ordre. Notre conducteur corne, tempête, bien en vain.

Pour comble de bonheur, la camarade Bauer est malade, à bout de nerfs, par suite de cette fatigante randonnée. Il faut arrêter plusieurs fois, la soigner, repartir tout doucement. Nous ne serons sûrement pas à Tiflis à 6 heures, comme le prévoyait l'horaire.

Enfin nous en profitons pour admirer au passage la vieille petite ville de Mschète, avec ses curieuses églises, les plus anciennes de la région. Puis, c'est le barrage de la Koura qui attire nos regards : immense fourmilière que nous reviendrons visiter plus en détail.

Vers huit heures, nous entrons dans Tiflis, et bientôt nous sommes à l'*Hôtel d'Orient* où des chambres spacieuses nous attendent. Mais à peine avons-nous commencé à nous mettre à l'aise, que Chapoan passe en coup de vent : « Tout le monde en bas, devant l'hôtel ! — Pourquoi ? » Déjà il est parti.

Mi-ronchonnants, mi-curieux, nous descendons. Une file de petites voitures légères nous attendent, attelées de chevaux fougueux, battant du pied les pavés secs. Nous nous y installons deux par deux. La file s'ébranle au triple galop, à travers la ville, pétaradante. Nous traversons pêle-mêle larges avenues et ruelles étriquées, en route, semble-t-il, vers les faubourgs, faisant fuir des gamins qui jouent au milieu du pavé. Arrêt brusque devant un immense bâtiment. Accroupies sur le seuil, adossées au mur, une multitude de jeunes femmes papotaient tranquillement. Elles s'égaillent comme une volée de moineaux. Nous entrons à regret : nous aimerions mieux converser avec les belles inconnues qui se rapprochent, curieuses.

Par groupes de trois, on nous fait entrer dans de vastes salles nues, aux parois de marbre, au sol net. Je suis avec Blutte et Porto. Dans une pièce voisine, l'eau coule dans une vasque gigantesque. C'est l'établissement de bains. Enchantés de l'aubaine, nous nous déshabillons vivement. Un grand gaillard drapé dans un peignoir, ouvre la porte, se faufile chez nous. Porto est déjà nu comme un ver. L'inconnu lui fait signe de s'allonger sur une espèce de divan de marbre. Et de le frotter, savonner, masser consciencieusement. Puis un rinçage en règle, à grand renfort de seaux d'eau tiède, puisée dans la vasque centrale. Quand il a fini, comme Porto me dit son impression de bien-être, je prends sa place et la séance recommence.

Blutte, qui ne veut rien entendre, refuse énergiquement de se laisser tripatouiller par le grand gaillard souriant, se débarbouille solitairement dans un coin, au grand désespoir du masseur qui lui fait signe d'attendre son tour, bien en vain.

Quelle bonne aubaine ! Nous regagnons l'hôtel après que Chapoan nous eut expliqué que cette eau tiède à souhait (35°) est fournie par des sources naturelles, canalisées.

Je laisse à penser quel dîner copieux suivit cette séance revigorante. Les instituteurs géorgiens avaient bien fait les choses. Néanmoins, nous ne nous attardâmes pas trop ce premier soir, et bientôt nous fûmes dans nos chambres en quête d'un sommeil réparateur, indispensable après une telle randonnée.

La délégation à Tiflis

Vendredi 18 Septembre 1925.

Nous commençons par une visite à la Maison des Instituteurs de Géorgie, siège du Syndicat. Installation modèle dans un ancien lycée à l'usage des jeunes filles de la bourgeoisie. Une bibliothèque installée depuis deux ans groupe déjà 17.000 volumes ! Journellement une moyenne de 70 travailleurs de l'enseignement viennent couramment travailler ici. En un an, on a fait 25.000 prêts à domicile. Ce sont par ordre de préférence des romans, des ouvrages de littérature politique, de pédagogie. Pour les maîtres éloignés, on fait des envois à domicile, et on fournit la bibliothèque volante des comités locaux.

On lit surtout des livres russes, car la langue géorgienne était interdite sous le tsarisme. 1.200 abonnés reçoivent des livres à domicile et il y a 20 abonnements collectifs (de 20 à 100 livres) aux comités pour le gouvernement de Tiflis. On a fourni 12.000 volumes à 15 collectivités en province.

Le Syndicat groupe 16.600 travailleurs de l'enseignement en Géorgie, dont 9.000 instituteurs. Parmi les ouvrages étrangers traduits, les plus lus sont ceux de Georges Duhamel et de Pierre Hamp. (On pourrait choisir plus mal). Tous ces renseignements nous sont donnés pêle-mêle, au hasard des questions, par des camarades empressés autour de nous, fiers de nous montrer leur œuvre. Car tout ceci date de deux ans environ, depuis la révolution bolchevique géorgienne, cette révolution tant honnie qui fit hurler d'horreur tous les social-démocrates de la terre, et surtout la démocratique Angleterre guignant le pétrole de ces régions.

Nous visitons une copieuse exposition de livres classiques en russe et en géorgien, classés par matières. Toute une adaptation à faire : le géorgien interdit sous le tsarisme, rétabli théoriquement sous les mencheviks, est redevenu la langue officielle du pays depuis la révolution bolchevique. On l'enseigne dans les écoles où le russe ne s'apprend plus que comme langue étrangère au même titre que l'allemand. 2.500.000 personnes parlent le géorgien : presque toute la population de la Géorgie. Et bientôt tout le monde pourra l'écrire et le lire.

Des employés reviennent avec des chiffres plus précis ; depuis le 1er octobre 1924, on a envoyé en communication 23.795 brochures, volumes et journaux. La bibliothèque reçoit des exemplaires (jusqu'à 50 parfois) des publications éditées à Moscou. Cette année, elle a reçu 34.170 volumes et journaux de 1925 titres divers. En plus, on édite un journal corporatif tous les 15 jours : il tirait à 3.000 exemplaires, on pense atteindre 5.000 à la prochaine rentrée.

La cotisation syndicale est de 2 % du montant des salaires. Dans les contrats collectifs, il est prévu 1% ou 1/2 % des salaires pour l'entretien de la culture prolétarienne. En plus, un Club est formé au siège du syndicat dont les cotisations viennent aider aussi cette œuvre gigantesque.

*
* *

Katsarava, le président du syndicat des Instituteurs de Géorgie, salue la délégation. Il espère bien que ce ne sera pas la dernière, car la situation est tellement intéressante.

Avant, c'était la guerre civile, dit-il, les relations tout autres. Maintenant les intellectuels d'Europe ne pensent plus comme avant. La réorganisation de la vie économique et sociale en Russie prouve que l'on peut gouverner avec la classe ouvrière.

Comparons avec les temps de la domination menchevik : les intellectuels qui étaient alors mécontents, travaillent en ce moment avec le nouveau gouvernement, surtout les instituteurs et les professeurs. Ils étaient fort peu rétribués : leur situation a été beaucoup améliorée, elle le sera encore.

Ici nous avons fait ce que vous ne verrez nulle part dans le monde entier : c'est la première fois que la classe ouvrière prend le pouvoir, réorganise de fond en comble un pays martyrisé depuis si longtemps.

On a réorganisé les écoles primaires, secondaires et supérieures. Sous les tsars, on ne pouvait apprendre la langue géorgienne. Maintenant elle est redevenue la langue officielle du pays. Ce qui n'empêche pas, à Tiflis, la coexistence d'écoles arméniennes, turques, grecques, à l'usage des minorités ethniques.

Pour ce qui est de la réorganisation économique, nous visiterons la nouvelle station électrique de Zaletz. Et sans doute emporterons-nous une idée toute nouvelle de cette Géorgie que les menteurs stipendiés d'Occident représentent comme une contrée martyre.

Clément répond brièvement à l'enthousiaste et fervent président. Puis nous continuons la visite des bâtiments, interminables.

Dans une salle où pianotent quelques dactylos, l'une d'elles se lève :

— Y a-t-il des Français parmi vous ?

— Mais certainement.

— Des Parisiens ?

— Voici mon ami Blutte, de Belleville.

— Et du Quartier Latin ?

— Moi, j'habite rue Descartes, pendant les vacances.

— A la bonne heure, vous m'apportez des nouvelles de ma chère vieille rue du Cardinal-Lemoine ».

C'est une jeune fille de bonne famille, qui a fait ses études de droit à Paris. Elle est ralliée au gouvernement soviétique, travaille ici comme dactylo au Syndicat. La conversation ne chôme pas.

Mais il faut suivre le gros de la troupe qui continue sa marche à travers salles et bureaux. Le temps de noter une adresse, pour tâcher de se revoir. Une directrice d'école qui parle aussi le français, nous suit, nous fait promettre l'envoi des revues pédagogiques françaises.

On nous photographie tous dans la cour, avant de quitter la maison, et nous partons à travers les rues de Tiflis, vers une école. Rues pittoresques, peuplées de types si divers, aux costumes exotiques qui frappent notre curiosité. À la devanture d'un boulanger, des pains aplatis comme des planches. Un portefaix en loques, du plus beau type oriental, plie sous le poids d'un tube d'air liquide : je songe à telles pages de Roland Dorgelès signalant en Indo-Chine de semblables oppositions. Ici aussi, dans ce vieux pays sillonné de ferments neufs, on remarque pareilles antithèses frappantes.

Voici une *école de 9 ans*, qui reçoit les enfants de 6, 7 ans, jusqu'à 15-16 ans. Ce sont deux écoles du premier degré (4 ans) et du deuxième degré (5 ans) réunies. L'enseignement se fait en géorgien seulement. Il y a 30 classes avec 1.200 élèves inscrits en 1924. Vu le grand nombre d'élèves on fait une classe le matin et une le soir.

Nous visitons l'exposition des travaux de fin d'année, qui comprend surtout les dessins d'après nature. Puis la salle des spectacles fort bien agencée. Et nous assistons à l'inscription des élèves.

Avant la révolution, cet établissement était un lycée pour les jeunes bourgeois : la révolution en a fait une école pour le peuple. Il y a 52 professeurs, dont 14 pour la partie technique. Ils gagnent de 50 à 60 roubles par mois. Le directeur qui en gagne 110, est nommé d'accord avec le syndicat, par le commissaire du Peuple à l'instruction publique.

Il y a 20 écoles semblables à Tiflis (qui compte 300.000 habitants). Elles ont plus ou moins d'élèves selon leur importance.

Partout la coéducation est appliquée. Le travail manuel est enseigné à partir de 8 ans, mais à titre éducatif et non dans le but de faire des ouvriers : il y a une belle exposition des travaux accomplis. Dans un atelier que nous visitons, de grands élèves confectionnent des tables pour les classes.

Puis, après les laboratoires de chimie, de physique et de sciences naturelles, nous allons au *jardin d'enfants*.

Il y en a vingt-cinq pareils à Tiflis. Celui-ci est une annexe de l'école précédente. La méthode Montessori y est appliquée. On nous montre des lettres et des chiffres découpés, des portraits d'enfants collés par des planchettes, auxquels il faut joindre les noms respectifs collés sur d'autres planchettes. Toute une installation très complète dans des salles claires, bien aérées, avec un mobilier abondant, bien adapté à cette jeune marmaille.

Après un déjeuner rapide, nous repartons à l'*hôpital* Alexandrovskaja, clinique de l'Université dont les vastes salles nous laissent une impression de propreté parfaite. Mais ici nous passons vite : ce n'est pas tout à fait le sujet qui nous intéresse le plus. Et bientôt nous arrivons au véritable but de notre après-midi : *la faculté ouvrière*.

Justement, c'est l'examen d'entrée. Une cohue de jeunes ouvriers et paysans, encombre les couloirs, la salle d'examen.

Un jeune professeur nous explique qu'il y a parmi cette foule de candidats 60 % de jeunes ouvriers et 40 p. 100 de paysans. Agés de 18 à 30 ans, ils sont envoyés ici par les soviets de village ou par les syndicats, choisis parmi les plus aptes, afin de suivre des cours qui leur permettront de partir à la Faculté, de devenir des techniciens.

L'examen est très simple : il s'agit seulement de savoir s'ils possèdent les notions élémentaires qui leur permettront de travailler. On exige simplement d'eux qu'ils connaissent les quatre règles d'arithmétique et sachent lire et écrire le géorgien. En effet, je copie sur un tableau noir les épreuves de calcul : les voici dans leur simplicité :

$$34.060.797 + 7.503.648 =$$
$$37.006 \times 4.506 =$$
$$7.010.010 - 5.924.564 =$$
$$345.102 : 678 =$$
$$439.502 + 76.003.825 =$$
$$3.021.400 - 2.974.825 =$$
$$8.102 \times 7.078 =$$
$$1.808.040 : 3.768 =$$

Ce n'est pas renversant certes. Mais cela prouve à tout le moins, s'ils ont les moyens d'étudier, s'ils peuvent par un effort suivi — et combien méritoire — continuer leurs études.

Après avoir étudié 4 ans ici, ils entrent à l'Université et suivent les mêmes cours que les jeunes gens qui y accèdent normalement par la filière habituelle.

Il est difficile de parler des résultats : l'école n'existe que depuis trois années seulement. Mais déjà les trois examens de fin d'année ont donné des résultats très réconfortants.

50 % des étudiants de la Rabfak (abréviation qui signifie faculté ouvrière) reçoivent des subsides du gouvernement. Parmi les autres, beaucoup travaillent pendant la journée : il y a pour eux des cours du soir.

Tiflis possède quatre rabfak analogues : la géorgienne (celle-ci, qui a 1.000 places), une russe (400 places), une arménienne (200 places) et une autre spéciale pour les chemins de fer où l'enseignement est donné en russe et en géorgien, qui comporte 300 places. Qu'en pensent nos fougueux défenseurs des petites nationalités opprimées ?

Il y a plus de 1.000 candidats chaque année pour 500 places environ : cela permet de faire un choix sérieux et de ne prendre que les jeunes gens ayant réellement des dispositions pour l'étude. Ici, 785 étudiants restent : il y a donc 215 places vacantes.

Et les candidats refusés ? Ils reprendront leur place aux champs ou à l'usine. On leur remboursera leurs frais de déplacement.

On nous présente le président du Comité des étudiants : un jeune forgeron. Auparavant ceci était un collège pour la bourgeoisie. Les cours durent de 8 à 9 mois par an. A la fin de l'année, il y a un colloque de passage, un entretien entre professeurs et étudiants. Ceux qui ont fait des progrès suffisants passent aux cours suivants, à l'Université s'ils finissent leur dernière année. S'ils ne sont pas assez capables, mais ont le désir et les possibilités de continuer, on leur fait redoubler une année. Si non, ils retournent chez eux.

Les étudiants entrent de 18 à 30 ans au premier cours.

Il y a normalement 4 années d'études. Le programme comprend les langues et les littératures géorgienne et russe, les mathématiques, l'histoire (comprise de façon surtout sociologique) les sciences naturelles, l'économie politique, l'hygiène. Jusqu'en 1924, il y avait aussi des cours d'allemand : on y a renoncé, il était trop difficile d'apprendre simultanément deux langues étrangères (russe et allemand).

Ceux qui viennent de la campagne et qui ne travaillent pas ont 25 roubles par mois et un logement gratuit en ville. Ceux qui sont de Tiflis et qui n'ont pas d'occupation ont droit aux mêmes avantages.

Le travail en usine finit à 4 heures : les cours commencent aussitôt et se terminent à 9 heures du soir.

La méthode est essentiellement vivante, active. Pas de leçons ex-cathedra : des conversations entre professeurs et élèves. Ainsi en mathématiques on explique les théorèmes au tableau : les étudiants discutent entre eux, le professeur les guidant.

Il n'y a pas de leçons à apprendre.

La fréquentation régulière est obligatoire. Quand un élève a 25 % d'absences sans raisons valables, il peut être exclu.

Impossible dans ces conditions, objecte l'un de nous d'aller jamais au théâtre, aux conférences, concerts, etc... Oui, et pour les professeurs aussi. Mais il y a les vacances, les dimanches (les cours n'ont lieu que six jours par semaine) Et puis divers cercles (musical, littéraire, théâtral, sportif, etc...) installés ici donnent de temps en temps des soirées dans l'établissement même.

La plupart des étudiants ont de 22 à 25 ans, surtout les paysans. Chez les jeunes ouvriers l'âge est plus variable.

Il n'y a pas de rabfak en Géorgie ailleurs qu'à Tiflis. Car elles sont toujours installées auprès d'une Université et celle de Tiflis est la seule du pays.

Les ressources de l'école proviennent du Commissariat du Peuple à l'Instruction Publique.

Y a-t-il un journal mural ? Naturellement. Et aussi une association prospère des étudiants prolétariens où anciens et nouveaux élèves peuvent se rencontrer, faire connaissance, occuper leurs loisirs.

30 % de femmes parmi les élèves. Et naturellement la coéducation existe ici comme partout. Nos questions à ce sujet amènent toujours un sourire sur le visage de nos interlocuteurs. Cela leur semble si naturel qu'ils ne comprennent même pas nos interrogations.

La rabfak spéciale des chemins de fer a surtout pour but de former des ingénieurs, des contremaîtres, voire de bons ouvriers qualifiés. A Moscou, il en existe pour les mines, les ponts et chaussées, même pour... l'enseignement !

Le budget de l'établissement est de 8.000 roubles par mois, non compris bien entendu les subventions aux étudiants.

Il y a 61 professeurs, dont 20 femmes. Ils gagnent à peu près 100 roubles par mois. En général, ils ne travaillent pas ailleurs. Chacun doit donner de 18 à 20 heures de cours par semaine. Le directeur gagne 150 roubles par mois. Il y a en outre quelques professeurs de l'Université qui donent ici 6, 8, 10 heures de cours par semaine. Et à l'Université aussi : ils sont payés en moyenne 10 roubles par heure et par mois.

Tout ceci nous est fourni de façon décousue, au hasard de nos interrogations. Nous sommes littéralement enthousiasmés par cette institution qui n'a son équivalent dans aucun de nos « pays civilisés ». L'ami Hartig surtout qui s'occupe de la *Centrale d'Education ouvrière* à Leipzig, ne cache pas sa joie. Et les questions fusent sans arrêt : les camarades géorgiens y répondent de leur mieux. Les interprètes ont fort à faire. Je viens de reproduire ici, pêle-mêle, les notes de mon carnet de voyage, sans aucun plan, ni ordre préconçu. Je suppose que leur spontanéité apparaîtra, convaincra mieux que les plus savantes dissertations.

Ensuite, c'est la visite du bâtiment, sous la conduite des professeurs ; escortés par une foule d'élèves et de candidats, qui se pressent, se bousculent pour apercevoir les instituteurs d'Occident.

Salles de cours, gymnase, défilent devant nos yeux émerveillés. Dans un immense amphithéâtre, une centaine de jeunes gens discutent. Qu'y a-t-il ? Une réunion publique de la cellule communiste de la Rabfak. Tout le monde peut y assister. « Une tenue blanche » murmure un délégué qui semble familier avec les arcanes de la franc-maçonnerie. Si nous voulons entrer ? Mais non, à quoi bon. Il vaut mieux continuer de visiter l'école : laissons ces jeunes discuter en paix.

Nous sommes au laboratoire de physique quand une délégation nous rattrape ; la cellule communiste vient d'apprendre notre présence, elle nous invite à lui rendre visite. Nous avons peu de temps. On insiste si cordialement que nous cédons, guère enthousiasmés : encore des discours en perspective, il vaudrait beaucoup mieux continuer à voir les réalisations. Enfin !

Quand nous pénétrons dans le vaste amphithéâtre, il s'est rempli comme par miracle. En rangs compacts, des centaines et des centaines de jeunes gens y sont empilés jusqu'au faîte. A toutes les fenêtres, aux portes entr'ouvertes, des têtes curieuses, énergiques, tendues vers nous. Garçons et filles fraternellement confondus : un tapis de visages

tachetés à peine, de ci de là, d'un foulard ou d'un fichu
rouges. Et ces yeux surtout, sombres, avides, intensément
fixés sur nous.

Soudain éclate, majestueuse, une *Internationale*, à deux
voix, en géorgien. Minutes inoubliables. Combien de fois ai-
je entendu hurler, saboter ce pauvre chant martyr ! Ici,
c'est vraiment une audition rare, jamais entendue. L'hymne
enthousiaste résonne, se répercute et reprend, dominateur,
irrésistible. Nous reprenons tous en chœur au refrain, dans
nos langues respectives. Et tout se fond dans la splendeur
sans égale de ce chœur entonné par plus de mille voix
juvéniles, ardentes, infatigables. Minutes émouvantes. Plus
d'une larme furtive monte à nos yeux troublés : à quoi bon
le nier sottement, pourquoi rougir de cette communion
indicible ?

Un délégué des jeunes étudiants vient vers nous, en
quelques mots nous dit sa joie, son espoir que nous répète-
rons partout en Occident, ce que nous avons vu ici, tout
simplement. Puis il nous serre la main à tous, retourne à
son rang. Hartig qui lui répond est tellement ému qu'il lui
parle en... français !

Je m'étais promis de ne pas prendre la parole en
Russie où je veux seulement *voir et entendre*. Mais je sens
qu'il ne faudrait pas me le demander deux fois en ce
moment pour que je viole ma promesse. Heureusement,
voici Blutte qui s'avance, prononce quelques mots brefs,
jaillis du cœur, ce que j'aurais voulu dire, l'assurance que
nous saurons parler, une fois rentrés en France, que nous
saurons dire aux ouvriers abusés de là-bas, ce que le gouvernement d'ici fait pour ses enfants, pour ses jeunes prolétaires.

Serment enthousiaste, serment que nous tiendrons, que nous répétons encore en sortant, au milieu des acclamations cordiales de cette belle jeunesse vibrante...

***

Voici le *Club central ouvrier*, installé dans un superbe palais entouré d'un grand parc. Autrefois, le siège du « Club russe » lieu de rendez-vous des fonctionnaires.

La bibliothèque où l'on nous fait voir l'original système du défi au lecteur : sur un grand tableau des fiches portent des inscriptions de ce genre :

M. Minhaïlof a lu le *Talon de fer de Jack London* : il défie X... de lire ce livre.

En face une fiche vide attend la réponse du défié.

Sept cents abonnés, membres du club, fréquentent cette bibliothèque. Il y a chaque jour une moyenne de 200 à 250 lecteurs sur place, 800 autres sont desservis par des envois collectifs sous la responsabilité des comités d'usine.

Dans une autre salle, on répète une pièce qui sera jouée prochainement. Des essais de déclamation collective qui enchanteraient sans doute tels de nos poètes unanimistes ou simultanéistes. A moins — qui sait ? — que ces messieurs supérieurement dégoûtés ne jugent de simples ouvriers indignes d'interprèter leurs chefs d'œuvre !

En effet, 80 % des membres du club sont des ouvriers; 20 % des employés ou intellectuels. Les adhérents sont surtout des ouvriers des transports, des tabacs, des chemins de fer. 3.000 cotisants versent 15 kopeks chaque mois. En revanche ils jouissent de l'entrée gratuite au club et peuvent participer à tous les cercles, cours ou séances récréatives, sauf quelques rares exceptions (ainsi dernièrement un grand concert symphonique où ils durent payer une entrée, mais très réduite, bien inférieure au tarif général). Il faut être syndiqué pour appartenir au club.

Il est dirigé par un comité directeur de vingt-six membres, élus par l'assemblée générale des cotisants. S'il n'y a pas de gérant volontaire, parmi les membres élus, on en demande un aux syndicats. Il est désigné pour un an.

Au sein du club il s'est formé un cercle artistique, deux cercles littéraires (qui extraient des scénarios, en russe ou en géorgien, des livres lus), deux cercles dramatiques, un cercle choral, deux cercles musicaux, un cercle de joueurs d'échec, un cercle de radio. Ce dernier est peut-être celui auquel les ouvriers s'intéressent le plus ces temps-ci. Il y a aussi des cours scientifiques et techniques, des cours de perfectionnement professionnel, rattachés au club des métallurgistes.

Huit cercles politiques vulgarisent le marxisme, l'économie politique, la sociologie, l'histoire de la Révolution, etc...

Sept cercles ou cours spéciaux enseignent la broderie, la couture, la puériculture, etc... Trois cercles s'occupent de la liquidation de l'analphabétisme. Deux autres forment des correspondants ouvriers pour les journaux, douze cercles d'éducation physique groupent 300 membres.

Il y a un cercle de protection de la maternité et de l'enfance, un jardin d'enfants où l'on garde les nourrissons pendant les cours. 2.100 femmes ont rendu visite au club pendant le dernier mois : sur ce nombre 810 faisaient partie du club.

Cette organisation aussi est bougrement intéressante.

complète pour les adultes l'effort gigantesque d'instruction
et d'éducation entrepris par ailleurs pour l'enfance. Mais
je suppose que les renseignements ci-dessus se passent de
plus amples commentaires.

**

Après dîner nous passons la soirée aux jardins fameux
qui se trouvent sur la colline dominant la ville. Un funicu-
laire nous y conduit rapidement. Mais la nuit est trop
avancée déjà, la promenade célèbre est presque déserte :
on ne voit guère que les lumières clignotantes qui indiquent
la ville, dans la vallée et le lit argenté de la Koura.

Nous buvons quelques bouteilles de vin et de limonade
sur la terrasse, bavardons longuement avec le directeur
d'une école de la ville, qui nous accompagne. Kapanelli est
un romancier géorgien qui a déjà publié plusieurs volumes.
Il a habité la France, Nancy notamment, parle assez bien
le français et sa conversation est fort intéressante.

Samedi 19 septembre 1925.

La nuit est agitée : la camarade Bauer n'est pas encore
remise de son voyage en auto. Et voici que Hartig tombe
malade aussi. Ce n'est qu'un va et vient continuel toute la
nuit.

Au réveil Blutte s'avère d'une mauvaise humeur mas-
sacrante. A-t-il mal dormi ? A-t-il ingurgité hier soir une
trop forte dose de son Schopenhauer favori ? Je ne sais.
Toujours est-il qu'il se lève en colère. Et de clamer :

« Mais non, mon vieʾ il n'y a rien de changé ! c'est
toujours la même chose. Les écoles que tu viens de voir ne

doivent pas te faire oublier qu'il y a encore des domesti-
ques, que nous avons des larbins à nos ordres, que c'est
nous qui sommes les maîtres, mais qu'il y a des maîtres...
— .....

— Tiens tu vas voir. Comment dit-on déjà pour des
godasses, en russe (il compulse un manuel de conversation
franco-russe qui ne le quitte pas). Ah ! des *batincu*. Eh
bien ! tu vas voir : j'appuie sur ce bouton, le domestique
arrive, je lui donne mes *batincu* à cirer. Et plus vite que ça
hein ! Je te dis que c'est nous les pachas, nous autres qui
remplaçons les boyards ! »

Effectivement, il sonne. Un domestique arrive. Mon
Blutte lui montre les fameux « batincu » et beaucoup moins
fort en russe soudain, lui explique du geste qu'il faut les
cirer. L'autre sourit, il a compris, il disparaît.

Blutte, triomphant, va se raser dans son coin. Je me
livre à ma toilette, moi aussi, mais je reste songeur. L'argu-
ment n'est pas irréfutable, certes. Mais il me chiffonne.
Je voudrais répondre à Blutté et les mots ne viennent pas.
J'ai l'impression d'ailleurs qu'il rigole, qu'il se fiche de
moi. Mais comment savoir avec ce sacré pince-sans-rire.

Enfin le déjeûner achevé, nous partons vers une *école*
d'usine.

****

260 élèves, dont huit femmes (employées aux tours ou
au travail du bois, car leur constitution physique leur interdit les autres travaux trop durs). Le syndicat place ici
ceux dont les parents en témoignent le désir. Ils passent
une visite médicale et doivent avoir fini leur classe de quatre ans (1er degré). Ils sortiront d'ici avec une instruction

secondaire et un brevet d'ouvrier qualifié, au bout de quatre ans d'études, à 18 ans.

50 % sont internes : le commissariat de l'Instruction publique donne pour eux 33 roubles par tête et par mois. Ils peuvent sortir librement et user de leurs loisirs en dehors des heures de travail et de cours, à condition d'avertir le comité directeur. Ils se couchent à dix heures et se lèvent à six heures. L'alcool est strictement défendu dans l'école; le tabac aussi.

En effet nous n'arrêtons pas de fumer, les enfants nous regardent avec curiosité, nous ne savons où jeter les longs mégots des cigarettes russes. Voici un journaliste qui nous accompagne et qui sort une petite boîte avec du tabac turc en lamelles raides : il le frotte dans sa paume et fait une cigarette. C'est la première fois que je vois faire une cigarette en Russie. Il m'en offre une, je profite de cette occasion pour goûter ce tabac léger et parfumé.

Revenons aux choses sérieuses : Nous visitons la fonderie où des apprentis font des fers à repasser ; puis des objets de plus en plus compliqués. La salle des tours ne fonctionne pas encore : c'est seulement la rentrée ces jours-ci. On nous montre un tour fait entièrement par les élèves. Voici la forge où les élèves au-dessus de seize ans font eux-mêmes leurs outils : marteaux, tenailles, clefs anglaises, etc...

Puis les classes de mécanique, de dessin, de mathématiques, dont la plus grande partie du matériel aussi a été façonnée par les écoliers eux-mêmes.

Le matin, dès le lever, on leur fait prendre une douche chaque jour, obligatoire (sauf en hiver). Puis ils déjeûnent (thé ou cacao). Ensuite ils ont quatre heures de cours, une heure de repos et quatre heures de travaux pratiques. L'école fondée après la révolution est installée dans une ancienne fabrique : on y a aménagé très ingénieusement les dortoirs, réfectoires, etc...

Nous passons à l'atelier de menuiserie qui compte 25 élèves (dont six femmes) puis la bibliothèque : 8.000 livres. Les plus lus sont les romans de Blasco Ibanez et toutes les traductions du Gossisdat. En général, les romans d'abord, puis les ouvrages de sociologie, d'économie politique, de technique.

Le coin rouge luxeusement installé dans une salle spacieuse, aux murs ornés à profusion, abrite dix-huit cercles différents. L'année dernière il y avait à l'école 70 pionniers et 130 membres des jeunesses communistes.

Voici les immenses bâtiments où s'abrite l'*Université* géorgienne, fondée en 1918. Auparavant, c'était un lycée réservé aux enfants de la noblesse, l'un des rares où la langue géorgienne était plus ou moins tolérée.

7.000 étudiants la fréquentent : 3/4 de garçons, 1/4 de filles.

Le recteur est élu par les professeurs. Il y a deux prorecteurs pour l'assister. Le Conseil des professeurs ou Sénat dirige la faculté mais il y a un Petit Conseil administratif pour les affaires courantes.

La bibliothèque comprend 400.000 livres en géorgien. Il y a une faculté de médecine avec une clinique, une faculté de pédagogie, une autre de droit et d'économie politique, une faculté agronomique, une autre qui prépare des ingénieurs.

L'enseignement se fait en géorgien, exclusivement.
Les étudiants sont de toutes nationalités (en majeure partie
Géorgiens). Ils viennent des écoles secondaires qui grou-
paient 10.000 élèves cette année et passent un examen
d'entrée. Ceux qui viennent des Rabfak sont admis sans
examen.

Les étudiants payent selon le salaire de leurs parents.
Beaucoup travaillent en même temps. Certains ont une
subvention du Commissariat à l'Instruction Publique ou des
syndicats.

En général ils entrent ici à 16-17 ans. Les études
durent six ans pour la médecine, cinq ans pour les ingénieurs, quatre ans pour les autres facultés.

Nous assistons à un examen d'entrée. Le candidat
résout une équation au tableau. Quand il a fini, victorieuse-
ment, ses camarades le félicitent par une salve d'applaudissements.

Au musée, plusieurs salles sont consacrées aux vestiges
des anciens rois. Voici le trône revenu de Moscou et les
couronnes. Le dernier roi (1800) raconte le guide était un
parfait imbécile, mais l'avant-dernier Héraclite était un
esprit remarquable.

Voici des objets de l'âge de pierre. Puis toute une
collection de costumes nationaux, chatoyants et chamarrés,
aux couleurs vives. Des vieux livres sur lesquels on nous
montre qu'il y avait autrefois deux alphabets : l'un pour
l'église, l'autre qui arrondit les caractères. La langue a
fort peu évolué : les livres du XII° siècle se lisent facilement
de nos jours.

L'orgueil du musée consiste surtout en pièces d'émail
datant du X° siècle. Et voici des manuscrits datant des V°

et VI⁰ siècles. Curiosité précieuse : une mitre qui fut cachée
pendant 117 ans, durant l'occupation russe et vaut
15.000.000 de roubles.

Il y a 5.000 manuscrits et une collection de monnaies
qui comprend 18.000 pièces.

Mais il faudrait des journées pour visiter cela à loisir
et nous ne pouvons que passer rapidement.

*
* *

La matinée se termine par une visite au Commissariat
du Peuple à l'Instruction publique. Le camarade Kandelaki
nous fait un long et copieux exposé qu'il complète ensuite
selon les questions que nous lui posons.

La base de l'enseignement est la *question nationale*.
Autrefois il n'existait guère. Les écoles géorgiennes étaient
plutôt clandestines et avaient peu de ressources. Sous le
gouvernement menchevik, on fit de belles déclarations,
des discours retentissants, mais aucune action. Les écoles
existantes continuèrent à végéter, mais on ne leur donna
aucune extension.

Il y eut de grandes difficultés au début : pas d'imprime-
ries, pas d'instituteurs. Il fallut créer des cadres pour les
écoles primaires, secondaires, l'Université.

Mais aussi on a fait de grands efforts, surtout au point
de vue pécuniaire. 55 % du budget sont consacrés à l'instruction publique. On prévoit encore plus pour 1926. Aucune nation ne fait un tel effort, même aucune des républiques
de l'U.R.S.S.

Il faut tenir compte de ceci : Quand nous avons pris
le pouvoir il n'y avait que fort peu d'écoles primaires,
aucun jardin ni maison d'enfants.

Autrefois, on enseignait surtout, et seulement aux enfants de la bourgeoisie, des humanités classiques. Nous autres nous voulons un enseignement qui soit plutôt à tendances économiques. Il nous faut des techniciens, des ingénieurs, des agronomes, etc... L'ancien régime ne voulait pas de ces cadres prolétariens, crainte d'une révolution toujours redoutée. Nous, au contraire, pensons que cela est indispensable à la consolidation de notre pouvoir, à l'installation définitive du gouvernement prolétarien.

Il nous faut lutter aussi, certes, contre certains préjugés, certaines antipathies qui dressent les uns contre les autres, les ouvriers, les paysans, les intellectuels. La lutte est dure, les préjugés tenaces, mais on en sortira.

Une réadaptation des travailleurs de l'enseignement est indispensable. Les instituteurs géorgiens d'autrefois ont souvent des capacités très restreintes et une tournure d'esprit particulière. Il faut remédier à cela, leur enseigner la sociologie, le marxisme, l'économie politique. C'est dans ce but que l'on a institué les cours d'été spéciaux à leur usage. En plus, des techniciens créent des cadres d'instituteurs prolétariens qui travailleront avec foi à l'éducation enfantine. La délégation précédente nous a dit que cela ne concordait pas avec ses vues sur l'enseignement. Possible, et nous ne prétendons pas que ce soit l'idéal : c'est une mesure temporaire mais absolument indispensable en l'état actuel des choses.

L'instruction des adultes est une autre question fort importante. Il y a une lutte considérable à mener pour liquider l'analphabétisme. Il est vraiment dommage que vous ne puissiez voir en province, dans les villages, les détails de cette lutte (cours, bibliothèques, conférences, salles de lecture, etc.). C'est un travail formidable pour lequel le personnel enseignant nous aide beaucoup et dont les résultats sont absolument satisfaisants.

La situation matérielle du personnel est aussi l'objet de tous nos soucis. Avouons qu'elle n'est pas très brillante. Mais c'est un état de choses général, et qui va partout en s'améliorant. La solution est étroitement liée avec la situation économique et le relèvement de l'U.R.S.S.

Votre visite vaudra mieux que tous les discours. Nous ne voulons pas de louanges à priori, mais seulement un jugement sincère, votre opinion loyale, désintéressée. Oui ou non, sommes-nous des barbares ? Oui on non, avons-nous donné à chaque paysan le moyen de s'instruire en sa langue maternelle ?

Après cet exposé général auquel le camarade Porto répond brièvement, nous posons des questions de détail.

Différence de salaires entre instituteurs et adjoints ? Elle n'est pas aussi flagrante que vous le jugez. Les salaires sont basés sur le nombre d'heures de travail. En fait les instituteurs gagnent souvent le double de leur salaire de base (9ᵉ ou 10ᵉ catégorie).

Lutte contre l'analphabétisme ? On installe dans les villages des clubs ou des isbas de lecture, d'un rayon assez restreint. Si les locaux manquent, on utilise l'école le soir. On fait la lecture à haute voix des journaux, on expose les questions agronomiques. L'ignorance des sciences économiques surtout est flagrante : on tâche d'y remédier par des séances de cinéma et des conférences explicatives.

Les écoles de campagne ? Elles n'ont pas un rayon de plus de trois verstes, sinon dans les montagnes où la difficulté des communications est très grande. Alors, on installe des écoles volantes.

Les programmes ? Il a été très difficile d'en établir. Les enfants étaient retirés avant la fin des études en été ou en automne. Le nouveau plan d'études est basé sur ces défaillances périodiques : les heures d'études sont reportées sur le reste de l'année.

A partir de 1926, dès que l'on aura des cadres suffisants, la question de l'obligation scolaire sera posée (on ne la prévoit que pour 1934 dans toute l'U.R.S.S.).

L'enseignement aux 1° et 2° degré est gratuit, sauf dans les deux dernières classes où l'on fait payer ceux qui peuvent (à partir d'un certain salaire). Mais jamais la rétribution ne peut dépasser plus de 30 roubles par an. Et il n'est jamais un cas où l'on ait renvoyé un élève non-payant.

Après-midi nous avons rendez-vous avec un groupe de mencheviks qui veulent nous raconter leurs aventures. Je charge Blutte de prendre des notes à ma place et je vais rendre visite à la jeune fille rencontrée l'autre jour au bureau du syndicat des instituteurs géorgiens.

Elle habite assez loin de l'hôtel, dans une petite rue donnant sur une grande artère qui aboutit au Léninski prospect où se trouve notre hôtel. J'ai repéré l'endroit sur le plan exposé dans le hall de l'hôtel. La route n'est pas très compliquée, je puis me risquer seul dans ce quartier excentrique.

Un petit logement à l'entre-sol, donnant par un escalier branlant sur une cour où des commères papotent. Justement l'amie rentre avec ses provisions sous le bras.

Et nous nous installons dans la petite chambre proprette, nous bavardons comme de vieux amis, en fumant force cigarettes.

Elle me conte sa vie, sa jeunesse à Smolny, puis à Paris dont elle a gardé de si bons souvenirs. Sa famille, bourgeoisie d'ancien régime, qui la brimait et voulait l'élever dans la même idéologie périmée, dans l'hypocrisie et le vice rituels. Cette famille dispersée, morte peut-être, et dont elle n'a aucune envie de recevoir des nouvelles.

La guerre, la révolution, la vie ici, bien des sujets de conversation. La place au syndicat ne durera plus long-temps : il faut connaître le géorgien. Depuis plusieurs mois déjà, tout travail est impossible par suite de l'ignorance totale de cette langue. Un jour ou l'autre il faudra partir. Mais il y a des traductions à faire, une place en vue dans un journal où la connaissance du russe, du turc et du fran-çais (qu'elle parle fort bien) sera précieuse.

Je lui conte l'anecdote de ce matin, au sujet de Blutte-et du domestique. Mon interlocutrice sourit, elle semble avoir pitié de ma naïveté qui s'arrête à de si puérils argu-ments. Bien sûr quand on a assisté à la Révolution, aux difficultés journalières de l'installation d'un nouveau régime, on n'est pas démonté pour si peu. Mais je ne sais pas, moi. Elle m'explique : Admettez-vous qu'il faut des hôtels pour les hôtes de passage, comme vous. Et que dans ces hôtels où les voyageurs ne peuvent faire eux-mêmes tous les travaux, il faut des employés.

— ...Mais oui !

— Alors, persuadez-vous seulement de ceci ; cet hom-me est un homme comme vous. Il fait les chambres d'hôtel, balaie les escaliers, cire les chaussures, sert les repas, absolument comme vous faites l'école, comme d'autres cultivent la terre, construisent des machines, ou bâtissent des maisons.

Très probablement il est syndiqué. Le soir il va aux réunions de son syndicat. Il fréquente peut-être le club que vous avez vu et qui vous a enthousiasmé. Il lira le *Talon de Fer* de Jack London à la bibliothèque, il chantera à la chorale, développera son corps au cercle sportif...

— N'empêche que, comme disait mon ami, les uns servent et les autres se font servir ? ?

— Oui, mais avec cette différence que l'homme qui sert n'est pas diminué par ce geste : il est l'égal de celui qu'il sert. Si vous étiez venu ici il y a dix ou vingt ans, vous auriez pu, en lui donnant vos chaussures, lui allonger un coup de cravache, lui flanquer la main sur le nez ou le pied au derrière, il vous aurait encore dit : « Merci, Seigneur ! » Maintenant... eh ! eh ; je ne vous conseille pas de vous y risquer ! »

Le soir avance hélas ! Nous avons oublié tous les deux de manger, dans l'ardeur de la discussion. Le chien de la voisine est venu dévorer les provisions déposées auprès de la porte. Il est l'heure de regagner l'hôtel où les camarades doivent m'attendre. Nous nous séparons sur une cordiale poignée de mains.

Personne n'est rentré quand j'arrive. Sur une table solitaire, dans un coin de la grande salle, je griffonne quelques lignes. Peut-être rendront-elles mieux que les pages ci-dessus, l'impression de chaude cordialité, d'émouvante fraternité ressentie en cette après-midi si courte, si vite enfuie. (I)

____

(I) Cf. — Cahier des *Humbles* (Mars 1926).

Voici les autres délégués qui reviennent. Blutte me communique ses notes sur la séance de l'après-midi. Les mencheviks en question sont :

1. Soulakwelidze Constantin, délégué par le Comité menchevik pour organiser son parti ;

2. Kouprachvili Laurent, membre de la Commission ouvrière ;

3. Tsamanachvili Michel, membre de la Commission ouvrière ;

4. Matcharadze Nicolas, membre de la Commission ouvrière.

Plus quatre membres social-démocrates venus de l'étranger :

1. Halichanachvili Jean ;

2. Soulakwélidze Georges ;

3. Soulouchia Nestor ;

4. Desmétrachvili Théodore.

Et un neuvième, revenu de Tachkend où il se trouvait déporté : Tchakwartze Sosine. En même temps que lui, sont revenus 80 camarades, à la demande faite par la Commission ouvrière.

Constantin Soulakwelidze prend la parole. Il était préfet de Géorgie sous le gouvernement menchevik. Le 19 mars 1921, gouvernement, administration, membres de la Constituante et militants actifs quittèrent la Géorgie où une république soviétique venait de se fonder.

Le 24 avril 1925 il revint avec l'idée que la Russie opprimait la Géorgie, voulant combattre les communistes, et croyant trouver une aide chez les paysans et ouvriers du pays. Il débarqua à Batoum, certain que les ouvriers allaient le recevoir les bras ouverts. Ce fut exactement le contraire.

La délégation menchevick

Forcé par le besoin, il dut même s'adresser à une organisation contre-révolutionnaire pour subsister.

Quand il quitta la Géorgie, l'Université n'existait que sur le papier (comme beaucoup de réformes instaurées par les mencheviks). Lui aussi il est pédagogue et il a pu juger des efforts faits pour l'instruction du peuple.

Durant un mois et demi, il séjourna en Géorgie, cherchant en vain à renouer contact avec les masses prolétariennes, de plus en plus persuadé de l'échec de ses tentatives. Il fut arrêté à Batoum et bien traité durant sa détention. Il a même pu écrire un livre de trigonométrie pendant sa captivité. Les camarades, membres du groupe ouvrier, pouvaient venir lui rendre visite, ainsi que les proches parents. Quand on le déplaçait pour l'instruction de son affaire, il voyageait en seconde classe.

Finalement il passa en jugement et fut acquitté ainsi que ses complices. Les comités mencheviks de Paris et de Londres pourront envoyer d'autres émissaires : leurs tentatives sont vouées au même insuccès. Le gouvernement soviétique est solidement installé en Géorgie : il a tout le peuple ouvrier et paysan derrière lui. Nos hommes sont payés pour le savoir.

Si une adresse à la II\ Internationale pouvait avoir de l'effet, ils la feraient. Mais ils connaissent la mauvaise foi de leurs anciens associés. Ils ont publié dans les journaux d'ici une lettre ouverte à laquelle on s'est bien gardé de répondre. La commission ouvrière (formée de mencheviks ayant rompu avec les contre-révolutionnaires) veut envoyer une délégation en Europe pour rétablir la vérité. Mais il est probable que les visas nécessaires ne seront pas vite accordés même par les pays où gouvernent les socialistes honteux de la seconde internationale.

En attendant ils nous donnent leur photo. Nous pouvons la montrer. Ils sont connus dans le mouvement révolutionnaire et nul n'oserait mettre en doute leur témoignage.

Puisque nous retournons dans ces pays d'Occident, que l'on veut leur interdire, ils comptent bien que nous les remplacerons, que nous dirons ce qu'ils avaient à dire.

***

Il y a ce soir, une grande réunion de propagande au Grand Théâtre (Opéra) de Tiflis. Des loges nous sont réservées. Salle comble : public très mêlé, sans aucun souci vestimentaire. A travers la salle, quatre grandes bandes de toile rouge portent en caractères blancs (russe, arménien, géorgien, turc) l'inscription suivante :

A l'essai du blocus financier, nous répondrons par une défense financière : nous développerons le crédit intérieur du Gouvernement des Soviets.

Le président du Conseil des Commissaires du Peuple, Chalva Eliava, prend la parole ; puis divers autres délégués après lui. Nous ne comprenons pas grand' chose. A chaque péroraison, une musique joue « L'Internationale ». Toute l'assistance se lève : les pionniers et pionnières épars dans la salle font leur salut rituel.

Heureusement après cette partie officielle, il y eut la partie artistique : danses géorgiennes, chœurs nationaux. La séance fut levée sans que nous fussions rassasiés de ces jolis spectacles, et la soirée que nous croyions ennuyeuse nous parut bien courte.

Dimanche 20 septembre 1925.

La matinée se passe à visiter les bazars géorgien et tartare : marchés pittoresques que nous ne nous lassons pas d'examiner. Une foule nombreuse se presse autour des marchands en plein air, des petites échoppes débordantes de marchandises. Les Géorgiennes sont vraiment de belles femmes, leur réputation n'est pas usurpée. Elles ont des têtes magnifiques, des yeux sombres, d'une beauté rare.

Nous achetons diverses bricoles au bazar : des cuillers en bois laqué, des boîtes en bois sculpté, des bonnets de paysan en fourrure. Blutte en a pris un conique à longs poils roux, un bonnet de montagnard. Moi j'ai préféré un large bonnet cylindrique en peau de mouton noir.

Puis nous passons au musée géorgien, installé non loin de l'hôtel. Peu intéressant : des copies de Rubens, c'est ce qu'il y a de mieux comme peinture. Mais la partie zoologique est plus complète : on y voit des reconstitutions curieuses des divers aspects du pays (plaine, brousse, marais, montagne, forêt, etc...) avec les animaux caractéristiques.

Mais nous attendent les autos qui doivent nous conduire à la station électrique de Zaletz. 16 verstes en auto, sous la pluie.

Nous voici sur l'immense chantier, plusieurs ingénieurs se mettent à notre disposition, nous font visiter les travaux. Malheureusement, nous arrivons une heure trop tard : sinon nous aurions pu assister à une réunion syndicale des ouvriers qui vient de se terminer.

On a barré le lit de la Koura et dérivé le courant dans un canal artificiel en ciment armé mesurant 3 km. de longueur. Aussi obtiendra-t-on une chute de 13 mètres qui fera marcher une turbine et donnera 50.000.000 de kilowatts par an.

Les travaux coûteront 15.000.000 de roubles et seront amortis en 10 ans. 2.000 ouvriers y travaillent. Ils gagnent tous plus de 100 roubles par mois. Ils font 8 heures de travail régulier et 2 heures supplémentaires payées 1 fois et demie le tarif ordinaire. Le logement est gratuit. Une coopérative installée sur place donne des repas de 2 plats pour 25 kopecks le repas. Les spécialistes, les ingénieurs (beaucoup d'Allemands) gagnent une fois et demie le salaire des ouvriers. Tous sont syndiqués. En outre, un club et divers cercles leur permettent d'occuper leurs loisirs.

Les heures supplémentaires sont autorisées ici à titre exceptionnel parce qu'il s'agit de travaux « de choc » qu'il importe de finir avant la mauvaise saison. Cette dérogation est autorisée par le Commissariat du Travail, en accord avec les syndicats intéressés.

On compte que l'installation sera achevée, prête à fonctionner, l'année prochaine. Alors, l'électricité qui revient actuellement à 30 kopecks le kilowatt, ne vaudra plus que 5 kopecks, et même 2 kopecks pour l'Etat. L'électrification de Tiflis et de ses environs, jusqu'aux villages perdus dans la montagne, sera sous peu une chose faite.

Il est quatre heures quand nous sommes de retour à l'hôtel où le repas nous attend.

En prenant le café (fait à la turque et meilleur que tous ceux bus jusqu'ici !) les camarades géorgiens nous photographient et nous demandent quelques impressions pour leur bulletin syndical.

Les Allemands sont aux prises avec une directrice d'école qui parle fort bien leur langue. Les camarades russes se préoccupent du départ qui a lieu ce soir. Je demande à Chapoan de nous emmener faire une balade à travers la ville, pour la voir à loisir.

Malheureusement, il pleut toujours, les gens se hâtent dans les rues, des tramways passent, bondés, quelques rares taxis, des voitures cahotantes.

Si nous entrions dans un café ? Nous ne sommes pas à Paris : il y en a fort peu ici, comme dans la plupart des villes de Russie d'ailleurs. En voici un, auprès de ce cinéma ; à vrai dire c'est autant une patisserie-confiserie qu'un café ; mais dans la salle du fond on donne à boire. Entrons.

Comme nous nous concertons — que demander ? Le garçon intervient :

« Vous êtes Français, Messieurs ?

— Oui.

— Oh, je vais aller chercher maman, elle sera si content ».

Nous restons interloqués. Par exemple, si nous nous attendions à celle-là ! Mais voici qu'arrive une matrone imposante : elle est de Marseille, la Cannebière, té ! Oui, elle connaît. Mariée à un Grec, elle tient ici ce café depuis plus de vingt ans. Elle nous conte cela « avé l'assent » savoureux, si contente, assure-t-elle, de voir des Français.

Précieuse aubaine : nous l'interrogeons. Elle répond volubile.

Ce qu'elle pense du Gouvernement, de la Révolution. « Oh ! Monsieur ! » — et elle baisse la voix. « Il y a eu tant de massacres. C'en est ignoble. Les princes, Messieurs, les princes de la famille royale, si gentils — ils venaient souvent prendre le café chez moi, oui, oui — et bien, ces gentils princes, on les a enlevés une nuit, conduits dans la montagne, et jamais plus personne n'en a entendu parler ».

J'insiste : « Et des commerçants, des gens de votre condition, y en a-t-il eu aussi d'assassinés ? »

« Je ne sais pas, Monsieur, mais ces malheureux princes (elle en a les larmes aux yeux, la pauvre !)... ils étaient si gentils.... ils venaient boire leur café ici... oh, non, c'est trop ignoble ».

Nous avons beau la questionner ; elle revient toujours aux princes, si gentils, si amateurs de café, etc., etc... Elle commence à me taper sur les nerfs, la princesse du vieux port. Et j'ai bien envie de lui demander si elle a entendu parler d'une certaine guerre du Droit où l'on a assassiné 1.800.000 Français dont certains aussi étaient bien gentils. Mais Chapoan, qui lit dans mes yeux, me pousse du coude. Et pendant qu'elle va chercher nos consommations elle-même, escortée de son fils, il me murmure à mi-voix :

« Tais-toi donc, bon dieu, ou elle ne nous dira plus rien ! »

Il a raison, je me tais. A lui de l'interroger.

— « Mais enfin, Madame, vous.arrivez à vivre quand même sous ce régime ?

— Hélas, Monsieur ! on a tant de mal. Nous allons bientôt fermer la boutique si cela continue. Voyez vous-même : pas de clients, un dimanche. Tous nos vieux habitués sont partis ou ne sortent plus. Et puis, nous avons tant de charges, nous sommes écrasés d'impôts. Et ce qui est dégoûtant, Messieurs, c'est que les coopératives ne paient pas d'impôts. Alors, comment voulez-vous y arriver ? La lutte est impossible dans ces conditions-là ».

Evidemment ! Blutte aiguille la conversation vers le terrain, moins brûlant, de la famille :

— « Vous avez d'autres enfants, Madame ?

— Oui, un garçon de dix ans.

— Ah !... et il va à l'école, ce gaillard-là ? Comment ça marche, les...

— Mais non, mais non, Monsieur, il ne va pas à l'école.

— Comment çà ?

— Mais il ne peut pas !

— ...Pourquoi ?

— Parce que son père n'est pas syndiqué !

— ...Ce n'est pas possible, Madame ?

— Si, si, Messieurs, c'est comme je vous le dis. Ah ! vous ne savez pas comme nous souffrons ici ».

Et de reparler des princes, si gentils, etc..., de ses amis

plus heureux, qui sont partis, en France, où les coopératives paient des impôts, où l'on ne tue pas les princes, où les enfa   , vont tous à l'école.

« Qui retourne à Paris ? — Moi ! — Ah ! Est-ce que je peux vous faire faire une commission ? — Mais certainement. — Eh bien ! il s'agit simplement d'aller chez M. Ambachizzi, 39, rue Théophile-Gauthier, Paris, 16° arrond., leur dire que la famille Homère va bien et leur présente ses amitiés ».

Ayant payé nos consommations, nous sortons, rentrons à l'hôtel à pied, sous la pluie qui tombe sans cesse, fine, implacable.

Les lamentations de la bonne femme ne nous troublent pas trop. La question de l'enfant seule. retient notre attention. Faudra élucider cela.

* * *

Après le dîner, la soirée se passe avec les camarades géorgiens. Dernières heures à Tiflis : nous prenons le train vers minuit. Profitons-en pour leur poser quelques questions auxquelles ils répondent avec bonne grâce, même avec volubilité.

Différence du salaire entre le directeur et les adjoints ? Elle est faible ; le salaire minimum des adjoints est de 35 roubles par mois, celui des directeurs, de 46 roubles. Chacun reçoit des suppléments selon son travail : 25 % s'il travaille au laboratoire, etc., etc... Bien souvent les salaires se rapprochent sensiblement les uns des autres.

Différence avec les ouvriers ? Pendant la guerre civile on n'avait pas le temps de songer ni aux uns, ni aux autres. Ils furent tous également négligés. Depuis, la reconstitution industrielle, plus urgente, fut l'objet des premiers soucis. La reconstitution culturelle suit. En 1924, le salaire minimum de l'instituteur était de 21 roubles, cette année il a été porté à 35 ; en octobre, il sera de 45 roubles. Doublé en deux ans, n'est-ce pas un joli résultat ? Et chaque année nous ferons de notre mieux. Faites-nous confiance, nous sommes aussi choqués que vous des inégalités, mais nous avons, nous, le temps aidant, le moyen de les réduire.

Discipline et liberté des enfants ? Il n'y a pas là deux termes contradictoires. Si les enfants ont une conscience, ils peuvent se gouverner eux-mêmes, avec l'aide fraternelle du maître. Le tout est d'éveiller cette conscience. Dans notre nouveau régime, c'est infiniment plus facile que sous le tsarisme oppresseur. Tâche formidable, mais nous ne désespérons pas, nous. Là aussi, faites-nous confiance.

Le président du Syndicat géorgien tient à ajouter quelques mots :

Il faut penser aux écoles des pays capitalistes quand vous jugez l'école russe. Ici, c'est une école d'action.

Etant donné l'héritage lamentable laissé par les gouvernement tsariste et menchevik, nous avons de grandes difficultés. Il y avait 85 % d'illettrés et dans ces conditions il est difficile d'obtenir des résultats normaux en un si bref délai. Avant tout, il y a un grand travail à faire parmi les ouvriers et les paysans.

Les rabfak sont basées sur le même principe : écoles d'action. Ceux qui y rentrent doivent avoir une instruction primaire et être décidés à travailler de tout cœur pour donner des cadres à la nouvelle société. Institutions provisoires, elles disparaîtront d'ici quelques années, lorsque nos universités seront remplies par les élèves venant des écoles primaires. En attendant c'est un organisme imparfait, certes, mais qui nous est absolument indispensable.

Nous avons supprimé toutes les matières inutiles et réduit au minimum les connaissances données aux élèves. Mais nous voulons que ceux-ci agissent, étudient par eux-mêmes. De leur action collective, guidée par des maîtres dévoués, sortira tout naturellement la discipline.

Le rôle de l'instituteur, selon nous, est celui d'un guide, qui comme un camarade plus ancien, aide les enfants dans la résolution des problèmes journaliers. Un pédagogue russe a dit : « L'école sans discipline est comme un moulin sans eau ». Il est regrettable que vous n'ayez pas vu nos écoles en fonction : vous auriez remarqué comme cette discipline qui vous préoccupe tant, jaillit naturellement de l'enseignement comme nous le concevons.

Les accidents ? Nos instituteurs ne sont pas matériellement responsables. Les soins médicaux sont gratuits. Quant aux enfants de parents syndiqués, la loi des assurances sociales leur donne les mêmes droits qu'à leurs parents.

Le directeur ? Il prend une part active à la vie de l'école dont il est le guide et l'âme. Beaucoup de nos écoles ont encore comme personnel des instituteurs et institutrices imbus des idées d'ancien régime. Nos directeurs ont un rôle important à jouer dans l'école, ils ont une grande responsabilité et doivent fournir un travail maximum afin que les nouvelles méthodes soient appliquées partout.

Salaires des instituteurs ? Lénine a dit, dans son mot d'ordre pour l'enseignement :

« L'instituteur populaire doit être mis dans de telles

conditions de travail qu'elles lui facilitent sa tâche, conditions qu'aucun gouvernement capitaliste n'avait données jusqu'à ce jour, et conditions auxquelles l'instituteur lui-même ne croyait plus ».

Les instituteurs ont si bien compris la route suivie par l'U.R.S.S. dans ce domaine que, peu à peu, tous viennent avec nous maintenant, font un grand travail d'instruction et d'éducation en dehors de leur tâche journalière, sont des artisans actifs du relèvement moral et intellectuel du prolétariat.

Si vous aviez pu visiter toute la Géorgie, votre opinion serait encore certainement meilleure. Merci pour vos remarques et questions : nous en avons pris bonne note et y avons répondu de notre mieux, en toute sincérité. Souvent nous sommes d'accord. Mais la situation est encore telle que nous ne pouvons malheureusement pas toujours mettre immédiatement en pratique nos projets.

Là-dessus, discours d'adieu, traductions, toasts, etc... Nous arrivons à la gare deux minutes avant le départ du train.

A grand' peine, nous trouvons une place. Il faut parlementer car Abramson, distrait, a oublié de retenir des places. Enfin, tout s'arrange.

Une dernière tasse de thé et nous faisons une manille avant de nous coucher. Porto, Blutte, Françon et moi, nous occupons un compartiment. Chapoan, qui loge avec les camarades russes, est venu bavarder avec nous.

Soudain la porte s'ouvre : c'est Karsen, en pyjama. Il paraît que Margarete Bauer est encore malade.

« C'est insupportable, cette femme est hystérique. Elle crie tout le temps. Je ne peux pas rester à cette place...

Porto, vous devriez changer avec moi, moi je viendrai ici ».

Ah ! mais non, tout de même. Je prends par le bras Porto qui, trop obligeant, atteignait déjà sa valise ! Je lui dis de continuer la partie.

Karsen marmotte : « Ah ! je ne parlerai plus de cela ! »

Mais oui, mon vieux. Et fiche-nous donc la paix une bonne fois !

Lundi 21 septembre 1925.

Un lever tardif s'imposait après cela. Nous ne mettons pas le nez hors du compartiment avant 9 heures et demie. Apletine est déjà dans le couloir. Je fais une toilette sommaire et regarde le paysage.

Pays plat, marécageux, avec le Caucase en toile de fond. Des villages disséminés, rares. Auprès des maisons, des espèces de plates-formes perchées fort haut sur quatre piquets. « Pour voir les environs » suggère un loustic. Plus simplement pour dormir à l'abri des moustiques fort nombreux, mais qui restent au ras du sol. Le long de la voie à gauche, une ligne rouge apparaît, disparaît puis reparaît, fidèle. Le fameux *pipe-line* qui conduit le pétrole de Bakou à la Mer Noire où les bateaux peuvent le prendre. Voilà pourquoi la Géorgie tente tellement nos grands capitalistes humanitaires de France, d'Angleterre et d'ailleurs.

A dix heures et demie, nous arrêtons à Kiourtamir. Apletine achète des provisions et nous déjeunons fort copieusement, ma foi ! Du caviar (1 rouble la boîte de 400 grammes), du poulet rôti, des œufs durs, du raisin, des gâteaux, des pastèques, le tout arrosé de vin blanc et de thé.

Mais les Allemands (sauf Hartig) réclament : pas de

wagon-restaurant ? Et à quatre par compartiment, ce n'est guère agréable ! Et les lavabos, à côté des w.-c., ce n'est pas propre, etc... Ne leur faudrait-il pas aussi un salon et une salle à manger à ces révolutionnaires en papier mâché. Enfin, ce soir, on mangera au wagon-restaurant, c'est entendu !

****

Vers une heure, nous arrêtons à Bakou, pour quelques heures seulement, hélas ! Le temps presse désormais, il faut songer au retour.

Des camarades nous attendent à la gare avec des autos, joyeux, enthousiastes. Désolés bientôt quand nous leur annonçons que nous resterons si peu de temps avec eux. Du moins vont-ils nous faire visiter la ville.

Près de la gare, un monument aux lignes sobres attire notre attention. Chapoan nous explique :

« Ceci est le monument élevé à la mémoire des 26 commissaires du peuple de Bakou, fusillés par ordre des Anglais le 20 Septembre 1918. Voilà des fusillés dont Renaudel, Scheidemann, Vandervelde, ni Mac Donald ne parlent jamais. Et pour cause ! Vous pourrez leur en dire un mot lorsque l'on viendra vous bourrer le crâne au sujet de cette Géorgie martyre que vous venez de visiter ».

Nous n'y manquerons pas ! De ci, de là, des drapeaux rouges en berne sont encore suspendus aux maisons : anniversaire du crime.

Des tramways électriques (électrifiés depuis l'instauration de la République soviétiste) sillonnent les rues, pleines

d'une foule aux types divers. Toutes les races se coudoient
ici, dans cette riche contrée : Russes, Géorgiens, Arabes,
Turcs, Persans, etc., etc...

De beaux monuments dans cette ville, un air d'aisance
cossue. Des rues larges, des magasins superbes. Nous arrivons sur le port spacieux, peuplé de barques aux voiles
joyeuses.

Puis, le long de la mer, nous voici près des premiers
puits de pétrole dont nous avions aperçu, tout à l'heure,
du train, les échafaudages en forêt compacte. Région dé-
vastée, d'aspect désertique : des rochers huileux, gris, roux,
sales. Aucun arbre, même pas un brin d'herbe, pas une
fleur. Et toujours ces fûts en troncs de pyramides, serrés,
alignés à perte de vue. Des masures immondes, des bara-
quements en planches pourries, en débris de toutes sortes.
Beaucoup sont déjà vides : à côté, des files de pimpantes
maisons ouvrières s'élèvent, reçoivent au fur et à mesure
les habitants des taudis désaffectés. Patience, nous disent
les camarades, revenez dans quelques années et vous trou-
verez du changement dans notre pays.

De nouveaux puits s'élèvent, jusqu'au bord de la mer,
certains, même, battus par les flots. La précieuse nappe
pétrolifère se perdant sous la mer Caspienne, il est question
d'assécher le golfe afin de rendre l'exploitation plus facile.

Malheureusement, nous ne pouvons visiter les puits :
il faudrait revêtir un costume spécial pour ne pas nous salir
et le temps manque.

Revenons vers la ville et passons aux bazars. Des
châles de laine, bariolés, aux dessins étranges : des fou-
lards de soie tissés et peints à la main. Mille choses bien
tentantes, mais il faut refréner les désirs, car en francs cela
coûte vite cher !

Le monument aux fusillés de Bakou

Il faut revenir à la gare, dire adieu aux camarades dévoués ; reprendre place dans le wagon.

La camarade Bauer est toujours malade. On est parti chercher des médicaments à son usage. Le train attend. Nous en profitons pour marcher un peu sur le quai, échanger quelques dernières phrases avec les amis d'ici, désolés de nous voir repartir déjà. Mais qu'y faire ?

Enfin, voici les précieux médicaments. En route !

Une école

SUR LE CHEMIN DU RETOUR

Nous voilà repartis vers Moscou. Par les fenêtres du wagon s'aperçoit la Caspienne, calme et limpide. Du côté du couloir, nous guettons les premiers contre-forts du Caucase.

J'ai déjà remarqué cette jeune femme blonde, boulotte, au teint couperosé qui se trouve dans un compartiment voisin. Elle parle avec Apletine dans le couloir, puis nous adresse la parole en anglais. Je lui réponds de mon mieux. Elle m'explique que, membre du Parti Communiste géorgien, elle va passer son temps de repos à la sta-

tion d'eaux minérales de Kislovotz : elle a vécu longtemps
en Amérique, un peu en France et en Angleterre. Mais
sa biographie est brève car elle a hâte de connaître nos impressions, à nous, sur son pays.

La conversation est animée quand passe Karsen qui
tend l'oreille. (Effectivement, il parle beaucoup mieux
anglais que moi). Je suis incontinent réduit au rôle de
témoin.

« Excusez-moi, Madame, mais je suis ravi de vous
entendre parler aussi parfaitement la langue anglaise ! »

— Oh ! Monsieur....

— Si, si, madame, je suis ravi, vraiment. Depuis que
je suis en Russie, je n'ai encore pu rencontrer personne qui
parlât anglais correctement !

— Vous n'avez pas eu de chance ! Car nous sommes
revenues en 1919, de New-York, à plus de 200 femmes
russes sur le même bâteau. Et toutes nous parlions anglais
correctement.

— ....

— Seulement, évidemment, nous sommes à cette heure,
dispersées sur toute l'étendue des républiques soviétiques.

— Oh ! Vous parlez très, très bien l'anglais, madame.

— C'est bien possible. Vous faites partie aussi de la
délégation des Instituteurs d'Occident ?

— Oui. Moi, je suis Directeur à Berlin, d'une grande
école supérieure, mais j'ai habité plusieurs années en
Angleterre.

— Vous n'êtes pas communiste ?

— Non, je suis membre du Parti social-démocrate, le
grand parti ouvrier d'Allemagne et je collabore assez régulièrement au *Vorwaerts*.

— Ah bien, très intéressant. Et... que pensez-vous de notre régime ?

— Eh bien, voilà !... Vous avez certes accompli... des choses... très intéressantes... un grand effort... oui... un grand effort !

— Mais ?

— Mais.. vous comprenez... pour nous autres, Occidentaux... qui sommes tout de même... habitués... à un certain minimum de... démocratie... il y a certaines choses...

— Pardon, interrompit la voyageuse, qu'entendez-vous, je vous prie, par ce terme mystérieux de démocratie ?

— Eh mais... la liberté de penser... d'écrire... de publier des journaux... de faire des réunions... enfin toutes sortes de libertés dont le peuple ne jouit pas chez vous !

— Ah bon ! Mais je vous demande pardon : n'ai-je pas lu dans la *Pravda* de ces jours-ci, que la *Rote Fahne* — vous connaissez ? — le quotidien communiste de Berlin, fut suspendu pour 15 jours par votre gouvernement démocratique?

— ... Oui, certes... mais il avait attaqué le gouvernement dans des termes inadmissibles !

— Ah bien : je commence à comprendre : liberté de la presse, en démocratie, ça veut dire liberté de publier ce que l'on veut, à condition de ne pas déplaire au gouvernement. Très bien — Alors, mon cher Monsieur, nous n'avons pas cela, nous ne jouissons pas de cette « liberté » précieuse !...

Je rigolais sans pitié, à l'étonnement de Blutte qui cherchait la raison de mon hilarité. Karsen bredouillait de plus en plus, s'empêtrait, bafouillait.

Apletine, qui suivait la conversation et comprenait à mi-mot, tendit à la Géorgienne un journal illustré. C'était le fameux organe satirique : le *Krokodil*. Justement, une page entière était consacrée à la Démocratie. La voyageuse, implacable, nous expliqua, à Karsen et à moi, le texte et les images.

C'était savoureux : La Démocratie, y disait-on, est pleine de sollicitude pour les bons ouvriers commis à sa garde. Elle leur fournit, en Bulgarie, des cordes solides (pour les pendre), en Italie des purgatifs (huile de ricin) et le chauffage gratuit (incendie des Bourses de Travail et Coopératives), en Amérique, le courant électrique à haute tension (fauteuil des condamnés à mort !), en France, le logement gratuit (à la Santé), etc., etc...

Une avalanche de rires ponctua la fin de l'exposé. Pendant que je traduisais le gros de la conversation aux amis, Karsen prenait congé de son impitoyable interlocutrice.

Bientôt l'heure du dîner arriva et nous nous retrouvâmes au wagon-restaurant. Menu copieux : poisson, jambon, choux-fleurs, bifteck et rognons, café. Je questionnai Chapoan sur le prix de ce repas : 1 rouble et demi ; rien d'excessif !

Mardi 22 septembre 1925.

Nous nous réveillons vers huit heures. Nous sommes à Petrovsk, petit port sur la Caspienne. Nombreuses traces de la lutte des Blancs et des Rouges : des navires coulés, émergeant à demi non loin du rivage, un train blindé qui achève de se rouiller le long de la voie, des ponts en ruines... Bientôt, le chemin de fer oblique : nous disons adieu à la Caspienne !

Journée sans histoire :toilette, bavardage, repas au wagon-restaurant, lectures, parties de manille...

L'après-midi nous arrêtons 30 minutes à Mineralni-Vody. La combative Géorgienne nous y fait ses adieux : elle va emprunter une petite ligne secondaire pour arriver à destination.

Un long exposé d'Apletine clôture la journée ; en voici l'essentiel :

Tout travailleur d'une organisation dépendant de l'Instruction publique (école, faculté, université, rabfak, musée, bibliothèque, journaux, etc.), peut adhérer au syndicat. C'est un syndicat d'industrie : tous les membres travaillant dans la même organisation adhèrent au même syndicat.

Un Comité syndical existe partout où il y a plus de 20 syndiqués réunis, sinon un délégué établit la liaison avec les isolés (25 au moins).

Les comités sont unis dans une *Union de district* dont le bureau est formé par le congrès des délégués de Comités.

Les districts sont unis dans une *Union régionale* qui élit à son tour son bureau.

Les régions (ou les républiques) envoient des délégués au *Congrès National,* qui élit un *Comité central* de 50 membres. Apletine en est le secrétaire.

Fin 1924, il y avait 7.358 comités locaux : 507 organisations de district ; 81 organisations régionales ou de républiques ; 5 directions centrales (Ukraine, Géorgie, Azerbedjan, Turkmenistan et Arménie, Russie blanche, Uzbekistan).

L'enseignement primaire fournit 26% des adhérents, le secondaire 45 %, le supérieur 16 % et les enseignements spéciaux 13 %.

Membres du Parti ? dans 39 sections qui ont 242.000 membres, il y a 6,8 % de membres du P.C. et 3,5 % adhérant aux Jeunesses. Le reste est sans-parti.

A la ville, 18 %, au village 7 % des instituteurs sont d'origine ouvrière ; 40,8 % et 63,8 % d'origine paysanne ; le reste d'origine intellectuelle.

Il y a une moyenne de 55 % de femmes parmi le personnel..

Le 1er janvier 1923, le syndicat comptait 382.000 membres ; le 1er janvier 1924, 489.875 ; le 1er janvier 1925, 553.904 ; en avril, 583.810. On compte qu'il reste à peine 5 % de non-syndiqués.

Le mouvement a commencé en 1864. Vers 1860 eut lieu la libération des paysans. Le problème de l'enseignement populaire se posa. En 1864, on créa parmi le personnel des caisses de secours (espèces d'amicales). Leur développement et leur évolution furent liés à la situation économique du pays. A partir de 1890, il y eut un grand essor industriel. Les associations plongées d'abord dans le corporatisme le plus étroit, s'occupèrent peu à peu de pédagogie, puis de politique.

En 1905 un premier syndicat fut constitué, illégalement, sous l'influence du Parti socialiste révolutionnaire. 10.000 membres furent déportés en Sibérie, un fut même pendu dans la région de Vladimir. Trois syndicats coexistèrent à un moment donné : pour les écoles populaires, écoles moyennes, enseignement scientifique. Mais en 1909, tout fut complètement étouffé.

En 1913, avec le relèvement industriel, le mouvement renaît, mais il fut exclusivement pédagogique. Le syndicat de Léningrad organisa en 1915, un Comité pour toute la Russie. Sous la direction des socialistes-révolutionnaires, il aida à la guerre.

En mars 1917, après la révolution, le syndicat englobe toute la Russie, mais il continue les traditions socialistes révolutionnaires de 1916. En octobre, il compte plus de 60.000 membres.

Le syndicat soutient Kerensky et prépare la réunion de la Constituante. Les candidats socialistes révolutionnaires et menchevicks sont défendus par lui. En province s'organisent des syndicats analogues : le nombre des adhérents augmente, mais il n'y a aucune unité d'organisation.

A la Révolution d'octobre, il fallait s'attendre à ce que le syndicat soit contre. En effet, il participe au Comité contre-révolutionnaire « Sauveur de la Patrie et de la Révolution ». Dans les journaux professionnels commence une campagne trouble contre les bolchevicks et le gouvernement des soviets. On essaie par tous les moyens de saboter leur travail. A la section de Léningrad, quand les bolcheviks arrivèrent, seul le concierge était resté là. Tous les employés étaient partis, emportant l'argent et la documentation, espérant soulever la province.

C'est seulement 4 mois après que le Commissariat du Peuple à l'Instruction Publique, put recréer des statistiques et un projet de budget.

Il en fut ainsi dans tous les grands centres : les petites villes et la campagne furent moins touchés, car le personnel était en liaison plus intime avec le prolétariat.

Dès le premier jour, Lounatscharsky fit appel aux institeurs et au Comité des Savants pour qu'ils continuent leur travail. Son appel fut repoussé. Bien au contraire, le Comité demanda aux instituteurs de saboter l'œuvre des soviets et de s'emparer des écoles.

Seul, un groupe de quelques dizaines d'instituteurs bolcheviks, socialistes révolutionnaires de gauche, et anarchistes, se groupèrent autour de Lounatscharsky, acceptèrent le régime soviétique. De là sortirent les cadres du Commissariat du Peuple à l'Instruction Publique et le syndicat internationaliste.

Pourquoi ce nouveau syndicat ? Le vieux continuant à saboter les soviets, avait exclu les instituteurs ralliés au nouveau régime et pris une résolution menaçant d'exclusion ceux qui s'y rallieraient. Les exclus formèrent un groupement à part.

Le vieux syndicat déclancha une grande grève lorsque la convocation de la Constituante fut retardée. La grève dura jusqu'à la convocation de l'Assemblée.

Deux faits caractéristiques : à Léningrad, la grève devint très sérieuse. On enleva tous les cachets, les papiers, on ferma les bibliothèques, on refusa de donner à déjeuner aux enfants. Mais le jour de convocation de la Constituante, bien que sachant qu'elle serait dissoute, les instituteurs reprirent le travail : ils sentaient bien qu'ils n'avaient pas la population avec eux. A Moscou, au contraire, la grève se prolongea 5 mois après la convocation.

Avec le renforcement du gouvernement soviétique, les instituteurs, surtout en province, sympathisent de plus en plus avec ce régime. Le syndicat internationaliste étend son influence et grandit. Alors que le centre (Léningrad) ne comptait que 135 membres, les autres ayant suivi le gouvernement à Moscou, la province en comptait plusieurs milliers. Au Congrès de janvier 1918, 70.000 adhérents étaient représentés. Les organisateurs locaux du syndicat devinrent, dans les petites localités, les artisans de l'organisation de l'Instruction Publique.

Le syndicat contre-révolutionnaire envoyait sur place des directives écrites ou des émissaires (surtout dans la zône des armées ou dans les régions occupées par les Blancs). A Kazan, en 1918, les instituteurs manifestèrent le désir de soutenir l'armée nationale. Ce mouvement nationaliste des instituteurs fournit des groupements pour la défense de la Patrie (gardes dans les villes, etc.)

A mesure que la Révolution pourchassa la réaction, que les capitalistes ne purent plus soutenir le vieux syndicat, celui-ci perdit du terrain et la province, surtout, collabora de plus en plus avec les soviets. Jusqu'au moment où, à la demande du Commissariat de l'Instruction publique, le Comité central exécutif liquida le syndicat contre-révolutionnaire des instituteurs, organisateur de soulèvements. Cela se passait en décembre 1918 ; les deux syndicats étaient alors à peu près égaux en force (70.000 adhérents chacun sur 300.000 membres). Ainsi finit l'histoire du vieux syndicat.

Le syndicat internationaliste existait, non comme syndicat professionnel, mais comme organisation révolutionnaire. Bientôt la question se posa et il s'organisa d'autres syndicats, notamment celui des travailleurs d'école.

Au 2e Congrès, en janvier 1919, on décida que le syndicat serait ouvert à tous les travailleurs de l'Enseignement et qu'un autre Congrès, dans le courant de l'année, préparera les nouveaux statuts.

En juillet 1919, eut lieu le 3ᵉ Congrès du syndicat international, qui devint le 1er Congrès du syndicat des Travailleurs de l'Enseignement (les statuts adoptés acceptant en son sein tous les travailleurs de l'Enseignement, quels qu'ils fussent !)

Ce qui montre l'efficacité de ce système de recrutement par base de travail, c'est que l'Union de Léningrad partie de 35 internationalistes et 6.000 socialistes-révolutionnaires, atteignit en 4 mois un effectif de 14.000 syndiqués. Le rôle important, rôle de démocratisation du syndicat, y fut joué par le personnel technique. Au 2ᵉ Congrès, en 1920, le syndicat atteignait déjà 200.000 adhérents.

Se posant comme but final, la libération définitive économique et morale des travailleurs, le syndicat des travailleurs de l'Enseignement des unions soviétiques, dirige toute son action dans l'intérêt de la classe prolétarienne tout entière, instruisant ses membres et les préparant à l'accomplissement des devoirs historiques posés à la classe prolétarienne (établissement du communisme par la dictature du prolétariat).

Les problèmes immédiats posés au syndicat sont :

1° La défense des droits économiques et légaux des syndiqués (participation à la régularisation des conditions de travail et relèvement des conditions de bien-être matériel) ;

2° Aide au développement régulier et au renforcement du travail des organisations sociales gouvernementales ;

3° Relèvement du niveau culturel et développement de la conscience politique et sociale ds syndiqués.

Le syndicat prend part à toutes les discussions concernant l'Instruction publique et la situation des travailleurs de l'Enseignement, à commencer par le soviet local, jusqu'au Comité central exécutif des soviets et le Congrès des soviets de toutes les unions soviétiques.

Dans toutes les sections gouvernementales de l'Instruction publique, il y a un délégué permanent du syndicat. Dans le « collège » du Commissariat du Peuple, il y a un délégué permanent, qui est souvent le suppléant du Commissaire. Et il en est partout de même. Ces délégués sont élus par les bureaux syndicaux.

Les questions non prévues par la loi (salaires) sont discutées par le syndicat et les représentants du Commissariat du peuple, et résolues au centre par les contrats collectifs centraux.

Pour les conflits entre employeurs et employés, on crée sur place des commissions paritaires, appelées « commissions de tarification et des conflits ». Si la solution est acceptée des deux côtés (il faut l'unanimité) le conflit est terminé. Sinon, on fait une seconde séance. Et ensuite si le conflit dure encore, une commission d'arbitrage se réunit au commissariat ou aux organismes locaux du Commissariat du Travail. Si le conflit persiste, la partie qui n'a pas satisfaction, le reporte devant une troisième commission où les deux parties se mettent d'accord au sujet d'un président superarbitre dont la décision est cette fois définitive. Et le pouvoir judiciaire la fait appliquer.

Il est assez rare que la procédure aille aussi loin. Toutefois, le cas s'est présenté 4 ou 5 fois cette année pour l'Enseignement (une fois notamment avec le Commissariat des Transports qui eut tort : il ne voulait pas délivrer de billets gratuits, ni accorder les sommes nécessaires à l'entretien des comités locaux).

Mercredi 23 septembre 1925.

Quand nous nous réveillons vers 8 heures, nous arrivons à Rostov et apercevons la mer d'Azov.

Puis la ligne longe un moment le cours du Don, bordé de proprettes maisons ouvrières, agrémentées de spacieux jardins. Le long des clôtures, des enfants, cartable au dos, vont à l'école en jouant et courant. Des ouvriers qui travaillent à la réfection de la voie ont installé un immense écriteau, réclamant des journaux, et pas mal de voyageurs leur en jettent.

Puis c'est le déjeuner et bientôt nous arrivons à Taganrog où, pendant dix minutes, nous pouvons nous dégourdir les jarrets sur les quais de la gagre.

Nouvel exposé d'Apletine, sur la constitution des Soviets et leur fonctionnement. Je ne rapporte pas ici cet exposé substantiel et assez compliqué : ceux que la question intéresse la trouveront exposée tout au long dans le *Rapport des Trades-Unions* (publié fin 1925, en vente dans toutes les librairies d'avant-garde).

J'écris quelques lettres pendant que défile le riche bassin du Don, aux champs fertiles, aux nombreuses usines, mines, établissements divers.

Vers 3 heures, nous déjeunons au wagon-restaurant. A la sortie, Françon me prie d'intervenir comme interprète auprès d'une jeune et jolie Géorgienne qui était notre voisine de table. Elle ne parle que le russe et l'anglais : lui ne connaît que le français, l'allemand et l'espéranto (à Léningrad, Moscou, Saratov, il a rencontré des espérantistes, mais ici, rien à faire !).

J' « interprète » assez bien : Karsen n'est pas là, heu-

reusement, car mon anglais est assez... approximatif. Et
bientôt, j'abandonne Françon, bavarde avec la voyageuse
pour mon compte personnel. Communiste géorgienne, elle
s'en va à Moscou suivre des cours d'économie politique et
de sociologie. Tout ce qu'elle me raconte de la Russie, et
de la Géorgie surtout, confirme absolument ce que nous
savions jusqu'ici. Inutile d'y revenir.

Le soir arrive assez vite, et il fait déjà nuit lorsque nous
arrivons à Kharkov où le train arrête 20 minutes. Des cama
rades nous attendent à la gare, accueillants, enthousiastes.
Ils nous bombardent de livres, de brochures, de renseignements divers. Je m'informe du camarade Zilberfarb, dont
on m'a donné l'adresse (je songe seulement maintenant, en
voyant leur adresse sur la même carte, aux deux institutrices espérantistes de Saratov que je devais voir aussi. Il est
bien temps !). Zilberfarb n'est pas ici, mais à Moscou où
je le verrai sans doute bientôt.

Jeudi 24 septembre 1925.

C'est notre dernière journée dans le train. Nous devons
arriver à Moscou dans l'après-midi. Aussi, dès 6 heures,
sommes-nous levés, impatients quand même de quitter ce
wagon confortable, mais un peu énervant à la longue.

Orel-Koursk où des mendiants sillonnent les quais,
implorant la charité. Et Apletine nous recommande de bien
fermer les fenêtres et les portes du compartiment, avant
d'aller déjeuner.

A *Toula*, l'arrêt est assez long. Nous allons au buffet de
la gare, acheter les gâteaux renommés du pays, quelques
cartes postales.

La zone des forêts commence, aux paysages si variés.
Peupliers frémissants, bouleaux satinés, chênes austères,
se succèdent et s'enchevêtrent sur une toile de fond sans fin.

Nous traversons Tsaritsine, amas de palais et de pavillons coquets, qui fut le Saint Germain de je ne sais plus
quelle époque brillante du tsarisme. Non loin de là se voient
les fils électriques de la station de Chatovsk, qui fournit le
courant à Moscou. Le passé et l'avenir, thème facile, je
sais bien, mais que l'on rencontre partout dans ce pays en
complète transformation.

Une usine Singer nationalisée arbore encore son ancienne appellation. Et bientôt commencent les faubourgs de
Moscou.

Des taxis nous conduisent à l'hôtel où nous retrouvons
avec plaisir nos valises et nous livrons avec joie aux délices
du bain et du linge propre, voluptés sans égales après une
telle randonnée.

Des lettres nous attendent : Blutte en reçoit une de
Paris. Grand émoi là-bas : les journaux de la capitale
annoncent une épidémie de typhoïde à Léningrad. Une
maman se désole pour son fils, qui, à ce moment-là, était à
Tiflis, à 4.000 et des kilomètres du lieu supposé de l'épidémie. O bourreurs de crânes !

Dans la grande salle à manger de l'hôtel, je suis au
bout de la table, entre Blutte et Guilda, notre interprète qui
n'a pu nous accompagner au Caucase, mais est venue de
suite nous saluer à notre retour. Deux hommes entrent,
viennent directement à moi :

« Maurice Wullens ?

— Oui ».

me serrent cordialement la main. Je reste quelque peu

éberl¹é. Le plus grand est Zilberfarb, l'autre est un jeune Parisien, espérantiste. Il est venu, m'assure-t-il, rue Descartes, vers la fin de la guerre, acheter je ne sais quel numéro spécial de la revue ! Voici trois ans qu'il est en Russie : il a appris la langue du pays et travaille comme dessinateur dans une usine d'aviation. Mais il veut partir sous peu en Sibérie, continuer à voir du pays, à se documenter par lui-même.

Nous bavardons comme de vieux amis. Survient Chapoan qui nous demande si nous voulons aller au théâtre ce soir. C'est la dernière soirée que nous passons à Moscou : il faut en profiter. Mais où ? Il nous lit les programmes. Au Grand Théâtre, on joue un nouvel opéra de Moussorgski : *La Joire de Sorotchinsi*, d'après une nouvelle de Gogol. Nous nous décidons pour ce spectacle tentant. Mais nous sommes tous à moitié habillés, plus qu'en négligé. Quel ennui de devoir à nouveau se rhabiller, après un tel voyage. Chapoan rigole : « Ah ! comme on voit bien que vous êtes des civilisés ! » On peut donc y aller comme cela ? Mais bien sûr ! Oh, alors, en route, vite ! Et les taxis nous transportent au Grand Théâtre où nos casquettes et pantoufles ne font aucun scandale, même dans la loge princière qui nous attend.

Une belle soirée. Mise en scène somptueuse : un marché en Ukraine : des monceaux de légumes, les voitures des fermiers, les chevaux qui viennent caracoler sur la scène. Des airs populaires locaux, des danses du pays. Un vrai régal ; malheureusement, trop fatigués, nous apprécions mal !

Vendredi 25 septembre 1925.

Nous visitons le matin *une école primaire de 7 années,* l'école N° 70.

On y a adjoint des cours pédagogiques (8e et 9e années), préparant des travailleurs de l'instruction politique. Les études y sont spécialisées, sans exclure pour cela la culture générale. Quand l'école sera bien organisée, sur 34 heures de classe, il y aura 21 heures d'études générales et 13 heures de spécialisation. Pour l'instant, c'est 24 heures et 10 heures. Les études générales comprennent : l'économie politique, l'étude du mouvement révolutionnaire, l'histoire de la lutte des classes, la géographie économique. L'enseignement spécialisé concerne : la pédagogie théorique, la psychologie objective, l'étude des méthodes et systèmes pédagogiques. Les programmes, dont le schéma est élaboré par le Narkompross, sont adaptés ici par le personnel. Cette année, sur les 10 heures de spécialisation, 2 sont consacrées à l'étude des bases de la pédagogie, 2 aux systèmes pédagogiques, 6 aux méthodes du travail pédagogique.

Passons à l'école de 7 ans. 1250 élèves la fréquentent, garçons et filles. 200 élèves à peu près par cours, répartis en des classes parallèles. Le personnel comprend 35 institutrices et instituteurs : des femmes seulement pour les 4 premières années, ensuite, hommes et femmes, par moitié.

Les classes durent de 9 heures à 13 heures, coupées par 4 récréations de 10 à 20 minutes.

***

Nous assistons à une leçon de gymnastique dans la cour. Après des mouvements rythmés, les élèves jouent, avec animation, au jeu du « mouchoir ».

Puis nous visitons les laboratoires de chimie et de biologie. Dans une classe, on chante, et pour notre arrivée, on entonne la marche de Budienny.

Au 4e cours, c'est une causerie sur une excursion faite hier, hors de la ville. Compte rendu oral, élaboration du plan pour le compte-rendu écrit qui sera fait par un autre instituteur. A la prière des enfants, nous nous dispersons dans la salle, nous nous asseyons auprès d'eux sur leurs tables minuscules. Et la séance continue. Un élève raconte ses souvenirs : à un moment donné, ils ont perdu le contact avec la maîtresse : grand désarroi. Et tout le monde éclate de rire. Puis on a rencontré une grande flaque d'eau : joie. Et tout le monde de rire de nouveau à l'évocation. Les langues se délient : mais ce n'est pas le moment, tout à l'heure ! Les élèves préposés à l'ordre le rappellent, et le narrateur continue. Un autre lui succède. Chapoan, Guilda, Zilberfarb traduisent au fur et à mesure, indiquant les fautes de langage des jeunes orateurs. Mais il faut partir, hélas, nos minutes sont comptées.

Donne-t-on l'éducation sexuelle ?? Oui, sans limites, à partir de 13-14 ans. Voici sur le mur d'une salle deux diagrammes intéressants.

On a demandé aux étudiants de l'Université Sverdlof comment ils envisageaient les rapports sexuels.

Parmi les garçons :

50,8 % sont pour les relations sexuelles de longue durée,
21,4 %   »   le mariage,
12 %   »   les relations de courte durée,
10,4 %   »   les relations libres, sans terme fixé,
2,9 %   »   les relations de hasard,
2,4 % ont des avis divers.
et certains, très peu, pour la prostitution.

Chez les étudiantes, les chiffres respectifs deviennent :
67,3 — 14.3 — 6,9 — 8,9 — 1,7

A côté, dans un coin consacré à l'enseignement anti-religieux, des croquis illustrent et ridiculisent la Bible, des diagrammes divers rendent frappantes les vérités. Mais il faudrait une semaine pour tout voir et tout noter.

***

Le 3ᵉ groupe est parti en excursion et nous trouvons la salle vide. A côté, voici le groupe du cours supérieur, unique cette année, où des adolescents s'initient à l'éducation sociale et politique. Un maître leur fait l'historique de la révolution, la vie des groupes d'avant-garde, le compte rendu des congrgès, etc., etc.

Pendant que nous changeons de classe, Zilberfarb m'explique que l'enseignement n'est pas encore gratuit : les parents paient en raison de leur salaire mensuel :
Au-dessous de 60 roubles par mois, rien.
De 60 à 100 roubles, 1 rouble de rétribution par mois.
De 100 à 150 roubles, 3 roubles   »
De 150 à 200 roubles, 5 roubles   »
Au-dessus de 200 roubles, 8 roubles   »

Pour les enfants des instituteurs et des militaires, l'enseignement est gratuit.

Voici justement un groupe de la 2ᵉ année. Les élèves font un récit sur la moisson. Zilberfarb demande à l'institutrice les fiches des élèves et pendant que la leçon continue, nous les dépouillons. Les résultats concordent bien avec ce que notre ami vient de m'expliquer. Les voici :
a) Père gagne 101 r. 50 par mois et donne 3 roubles,
b)   »   165 r.: il est militaire : enseignement gratuit.
c)   »   129 r. 18 (ouvrier mécanicien), il donne 3 r.

d) » 192 r. (militant du parti (1), donne 5 roubles.
e) » 40 à 45 r. (cheminot): enseignement gratuit.
f) Père chômeur, mère gaggne 72 roubles, donne 1 rouble.
g) Père gagne 50 r. 15, ne donne rien.
h) » 132 roubles, donne 3 roubles, etc., etc.

Voici une classe parallèle. Un jeune marmot fait un récit de la réunion du groupe. Un élève, délégué au Comité des élèves, rend compte de son mandat. Trois autres, délégués au Comité économique de l'école, lui succèdent.

Un président de la classe, désigné par ses camarades, aide l'institutrice. Quand des élèves se tiennent mal, bavardent, troublent la classe, il les inscrit et, le cas échéant, les signale au comité d'école qui les fait comparaître devant lui et les réprimande.

Dans cette classe, il y a 2 pionniers sur 53 élèves. 250 en tout, pour l'école entière.

* * *

Les gosses ne mangent pas encore ici, mais bientôt une cantine sera installée. On est en train d'organiser une coopérative à cet effet.

---

(1) Il s'agit de Krylenko, vice-commissaire du peuple à la Justice. Ne parlons pas de Poincaré : il ne sait que faire mourir les enfants des autres. Mais je ne sais pas si un enfant de nos ministres démocratiques a jamais fréquenté une école communale de Paris, avec des enfants d'ouvriers... Il est vrai que j'entends aussi des « purs » — et malins ! — qui ricanent et murmurent que l'enfant de Krylenko fut inscrit ici, en vue de notre visite. N'est-ce pas ?

Les élèves de 5ⁱ, 6ᵉ et 7ᵉ années viennent l'après-midi, de 14 heures à 18 h. 30, avec des récréations analogues à celles du matin.

Nous visitons encore la bibliothèque, le coin rouge, les clubs. Dans l'un d'eux, nous remarquons une amusante réfutation de la Bible par l'histoire naturelle (création du monde en 7 jours, Jonas et la baleine, etc., etc.).

Mais il faut partir. Les enfants nous accompagnent jusqu'à la grille, fourmilière joyeuse et vivante, nous poursuivent de leurs cris joyeux. Maîtres et maîtresses nous serrent la main avec effusion, nous demandent quand nous les recevrons ainsi chez nous. Hélas ? !

****

Après déjeuner, nous allons voir Lounatcharsky. Il nous reçoit dans son grand bureau où le buste de Karl Marx trône sur le mur. Après avoir parlé avec les Allemands, de sa pièce que l'on joue en ce moment à Berlin, il répond longuement aux questions que nous lui posons.

Hartig, tout en approuvant le principe des *Rabfak*, estime cette tâche fort dure pour les professeurs et pour les élèves, il est sceptique au sujet des résultats obtenus, car en Allemagne il s'est occupé d'éducation ouvrière à Leipzig et sait bien qu'on ne peut demander un grand effort intellectuel à des jeunes gens qui travaillent pour gagner leur vie. Les Rabfak, répond Lounatcharsky, sont des organismes provisoires, qui dureront encore 4 ou 5 ans au plus pour nous donner les techniciens dont nous avons besoin. Ils nous ont déjà rendu de grands services. Jusqu'ici, on n'y a accepté que des jeunes gens de talent et de bonne volonté, décidés à travailler ferme. En général, au bout de 4 années, ils sont à même de suivre les cours des Facultés. Ils y sont même meilleurs, pour tout ce qui concerne les questions pratiques, que les élèves sortis des écoles du second degré.

L'instruction obligatoire ? Non, pas encore. Nous avons un plan général : nous pensons qu'il sera applicable en 1933. A ce moment, nous aurons les bâtiments et le personnel nécessaires. L'école sera obligatoire jusqu'à 12 ans d'abord, puis jusqu'à 14 ans.

Nous lui exposons le cas de cet enfant de la Marseillaise de Tiflis. C'est possible, dit-il. Mais alors ce n'est pas juste ? Non : nous n'avons pas réalisé la complète justice, mais nous pensons avoir fait un pas vers la moindre injustice. Quand il n'y a pas assez de place, il vaut mieux accepter, — gratuitement ! — l'enfant du balayeur de rues qui gagne modestement sa vie, plutôt que le fils de cette commerçante, si sympathique soit-elle, qui a sans doute les moyens de lui fairé donner des leçons particulières. Je sais que chez vous c'est l'inverse, ajjoute-t-il malicieusement. Ici, nous commençons, au contraire, par servir d'abord les plus pauvres, les plus déshérités du sort. Que répondre à cela ?

La situation matérielle de l'instituteur ? Elle a été plutôt mauvaise jusqu'ici, bien que de grands progrès aient déjà été accomplis depuis la Révolution et l'époque de la famine. Il reste certes beaucoup à faire, mais nous savons que c'est un des premiers devoirs d'un gouvernement révolutionnaire. Et maintenant que notre industrie, notre commerce et notre agriculture commencent à se relever, nous ne manquerons pas de nous en occuper. Faites-nous confiance.

Voyez plutôt le budget : En 1925, 80.000.000 de roubles ont été consacrés à l'Instruction publique. En 1926, 120.000.000 sont prévus, 20 % du budget. Et il s'agit seulement du budget central. Comme l'enseignement est une question nationale, chaque république s'en occupe. En tout, il y a 320.000.000 de roubles consacrés cette année à l'instruction publique. Et cela ne représente que 60 % de ce dont nous avons besoin. Dans 2 ou 3 ans, nous arriverons à un état normal.

Et les directeurs d'écoles ? Cette question nous passionne beaucoup plus que les Allemands qui paraissent s'en désintéresser totalement. Ainsi, quand Blutte lui demande des éclaircissements à ce sujet, Lounatscharsky se tourne vers nous, un éclair brille derrière son lorgnon, et d'une voix légèrement chantante, en un français très pur, il commence : « Ah oui !... Eh bien, je vais tâcher de vous expliquer cela... Voici: à la Révolution, nous avons commencé par les supprimer, les directeurs. Nous avons dit : l'école sera dirigée par les instituteurs, par ce que vous appelez, je crois, en français, le Conseil des maîtres.

Mesure radicale, n'est-ce pas, et conforme tout à fait aux principes égalitaires. C'était fort bien. Hélas ! au bout de quelques mois d'application, nous avons dû nous rendre compte que c'était fort mauvais ! Oui, parce que la grande majorité du personnel, ou imbue encore des idées tzaristes ou plus simplement je-m'en-foutiste — comme chez vous, je crois, n'est-ce pas ? — sabotait délibérément toute notre œuvre de reconstruction. Nous avions beau, ici, au Commissariat, tout détruire et rebâtir de fond en comble, combiner de nouveaux programmes, indiquer de nouvelles méthodes, tout reconstruire sur de nouvelles bases, dans la plupart des écoles, on ne lisait même pas nos circulaires, on ne voulait même pas connaître nos innovations. Et l'on continuait tout bonnement selon les anciens errements.

Ah, camarades, nous ne sommes tout de même pas des révolutionnaires d'hier, voici longtemps que nous combattons sans répit pour réaliser notre idéal. Reconnaissez au moins que nous sommes sincères, de bonne foi. Admettez que nous avons eu des scrupules douloureux, que nous avons longuement réfléchi, avant de modifier notre conduite.

Mais quoi, fallait-il sacrifier tout l'avenir de notre Révolution — car il est là, l'avenir, n'est-ce pas, dans ces jeunes générations qui se lèvent et grandissent et s'apprêtent à nous succéder ! — fallait-il tout sacrifier à une question de principe, respectable, certes, mais dont l'application trop rapide allait à l'encontre même des intérêts les plus immédiats de la Révolution ?

Je vous le répète : nous avons longuement réfléchi, hésité, calculé les conséquences possibles. Et finalement, nous avons dû nous résoudre à ceci : déléguer dans chaque école un camarade qui est, je ne vous le cache pas, bien plus un délégué du Parti communiste qu'un directeur pédagogique (comme dans les usines les directeurs rouges). Ce délégué est là pour faire respecter nos décisions, pour veiller à ce que nos instructions ne soient plus sabotées, que l'enseignement soit bien donné dans les écoles de la Révolution selon les nouveaux plans, programmes et méthodes. Quand nous n'en aurons plus besoin, quand le personnel sera partout assez conscient de sa tâche, nous les supprimerons. Mais je ne puis pas vous assurer que ce sera la semaine prochaine, ni même l'année prochaine !...

Maintenant, si vous avez un autre moyen à nous proposer, indiquez-le nous. Nous ne demandons pas mieux que de l'étudier, de l'essayer au besoin. Mais croyez que nous avons sérieusement étudié la question et tout envisagé.

Pour ce qui est des salaires supérieurs, ces délégués, qui remplissent une mission de confiance, sont rétribués au tarif des hommes de confiance. Cela c'est tout le problème de la N. E. P. qui serait un peu long à examiner ici aujourd'hui. Mais les différences ne sont pas si énormes que vous le croyez. »

Que répondre à cela ? Pas grand chose.

Et là-dessus, nous prenons congé du sympathique ministre.

*
* *

Au retour, nous arrêtons au *Musée Koustari*, qui est certainement l'un des plus intéressants de Russie, du point de vue art appliqué, art vivant.

Le directeur, assisté d'une employée qui parle fort bien le français, nous guide à travers les multiples salles, nous explique d'abord le but de ce musée-exposition où l'on expose et vend les travaux des artisans paysans, les Kous-

taris Un triple but a guidé les organisateurs de ce mouvement :

1° Conserver les vieilles traditions de l'artisanat russe;

2° Les modifier, y introduire des variantes, sur des formes antiques faire des œuvres modernes ;

3° Créer de nouvelles formes, de nouveaux moyens
d'expression.

Il nous montre, par exemple, sur des assiettes ornées
avec les mêmes couleurs et suivant les mêmes principes,
le portrait du tsar et des officiers remplacés par ceux de
Lénine ou de Trotzky, les couronnes, sabres ou icones sup-
plantées par la faucille et le marteau, etc., etc. Puis, continuant la transformation, les mêmes objets ornés suivant

Assiettes décorées (*Cliché de la revue* **Vouloir**)

des motifs modernes, d'après des directives neuves, avec des illustrations indiquées par des artistes contemporains, parfois presque cubistes.

Nous traversons les salles différentes, mais il faudrait tout un volume pour seulement mentionner les divers objets en bois sculpté, peint, gravé ou pyrogravé, les dentelles, les étoffes peintes à la main, les décorations en perles de verre, les objets en papier mâché et peint, imitant à s'y méprendre la porcelaine, les poupées en costumes nationaux, les caricatures en liège, en paille. Tout un coin est réservé aux objets usuels : ustensiles de ménage ou de cuisine, outils de tisseurs, etc., décorés suivant les mêmes méthodes.

Nous achetons divers petits objets pour lesquels on nous fait gracieusement une diminution. Blutte jette son dévolu sur un magnifique porte-cigarettes tout en bois. Je me contente de quelques bibelots de moindre importance, car les fonds baissent et les francs ne valent pas bien cher ici.

A l'hôtel, on nous remet nos passeports visés et nos billets de chemin de fer. Les visas ne nous coûtent rien, heureusement. Et quant aux billets, nous ne payons que le trajet hors de Russie, soit 14 roubles environ de la frontière à Riga.

Après le dîner, comme les valises sont faites, nous partons chez Chapoan, qui nous présente sa jeune compagne et nous offre une bonne tasse de café (le premier bon « jus » que nous buvons ici, si j'excepte le café à la turque de Tiflis !). Bonne soirée passée entre amis, mais le temps passe vite et il faut revenir à l'hôtel.

En route vers la gare où nous arrivons à 11 heures. Les camarades nous accompagnent, nombreux. Nous retrouvons sur le quai l'interprète allemande de la première délégation : elle nous présente sa sœur qui rentre à Berlin, voyagera dans le même wagon que nous. C'est une belle fille : compagnie agréable.

Il est l'heure de partir : les adieux sont brefs mais émouvants. On a bien envie de pleurer en quittant ces bons camarades, si cordiaux, si enthousiastes, mais on s'efforce à rire et l'on se dit « Au revoir » avec conviction. Le vieux camarade Tsvetkoff, « papa » comme nous l'ap-

Une entrée d'école

pelions, qui fut toujours si dévoué, se multipliant pour nous rendre service, nous embrasse affectueusement... le train démarre.

Chapoan nous accompagne jusqu'à la station frontière et la séparation nous semble moins dure puisque nous avons encore avec nous cet excellent ami.

Une dernière manille et au lit !

Samedi 26 septembre 1925.

Vers 8 heures, nous nous levons. Pays de plaines basses et de forêts : des scieries innombrables, des piles de bois monumentales.

Spectacle un peu monotone. Et puis, nous n'avons pas le cœur à la rigolade. On plaisante, mais la conviction n'y est pas. Nous avons le cœur plus serré que nous ne voulons nous-mêmes l'avouer au moment de quitter ce pays immense, aux divers aspects toujours si passionnants.

Un « 500 » de manille nous distrait quelques heures puis un déjeuner copieux. Une dernière partie de manille que je gagne. Et, vers le soir, nous arrivons à Sebej, la dernière gare russe. Les gardes rouges inspectent les passeports et les bagages, très vite. Chapoan connaît l'officier. Il bavarde avec lui.

Puis, il faut se séparer. « Au revoir » oui, certes, mais où ? Quand ?

Bientôt, nous sommes à la première gare de Lithuanie. Trois équipes se suivent : douane, passeports, billets.

Bah ! allons dormir. C'est notre dernière nuit en wagon-lit. Il s'agit d'en profiter.

Dimanche 27 septembre 1925.

Lever vers 6 heures ; même paysage monotone que la veille. Toilette. Dans le couloir, nous croisons la jeune Allemande qui ne répond pas à notre salut. Ah, dame ! c'est que nous ne sommes plus au pays des Soviets. Ici, on reprend ses distances. Nous l'observons aussi par la mine de maints occupants de notre wagon de première classe. Nous, au fond, on s'en fout bien, mais c'est assez caractéristique.

Nous arrivons à Riga vers 7 h. 20. Le train pour Berlin part à 8 heures. Il s'agit de ne pas perdre de temps. Heureusement notre guide, un jeune employé de la légation de France, Lyonnais, dont les parents connaissent Françon, et que celui-ci a prévenu par dépêche de notre arrivée. Mentalité de bon fonctionnaire. « On n'en est plus au Bloc National, tout de même », dit-il quand Françon lui raconte ses difficultés pour obtenir un passeport. Mais bon type. Il nous guide vers les billets : il faut des dollars ici pour les prendre. Heureusement Porto en possède et arrange l'affaire. Puis, au buffet, où nous avalons un déjeuner hâtif : 104 roubles lithuaniens, soit 8 francs par tête.

Nous ne sommes plus que 4 maintenant : Blutte, Françon, Porto et moi-même. Les Allemands qui se lamentaient en revenant du Caucase sur le peu de confort du voyage (!), qui avaient hâte de rentrer à Berlin, etc., etc., sont restés à Moscou. Ils doivent encore y séjourner une quinzaine de jours, voir quelques institutions qui les intéressent particulièrement.

Et nous avons pris des troisièmes car la bourse est de plus en plus plate et il s'agit d'y aller avec précaution, si nous voulons arriver à domicile sans encombre. Nous serrons la main à notre aimable guide, Françon se charge de ses commissions pour ses parents et nous nous casons de notre mieux dans un wagon déjà rempli aux trois quarts.

Heureusement, la journée se passe assez vite. Pas bien agréable le paysage, ni les compagnons de voyage. Deux jeunes évaporées de Riga vont à Berlin, rejoindre leur mari, paraît-il. Elles minaudent, s'aspergent et aspergent les voisins d'eau de Cologne — suites inévitables. Blutte pioche de nouveau son Schopenhauer et bougonne : « Toujours ce sacré génie de l'espèce ! » Porto lit des livres scolaires allemands rapportés de la République de la Volga. Je sommeille dans un coin, bien que les planches soient bien meille dans un coin, bien que les planches soient dures !

De temps en temps, les contrôleurs — ils sont *trois* seulement pour cela ! — viennent voir et poinçonner nos billets. Puis ce sont les traditionnelles visites : bagages, billets, passeports ! A la sortie de la Lithuanie, à l'entrée en Lettonie, à la sortie de la Lettonie, à l'entrée en Allemagne. Ici, il faut même changer de train !

Heureusement que pour Dantzig, les Polonais nous fichent la paix. Il paraît que les wagons sont plombés. Mais nous ne nous en apercevons guère car nous dormons de notre mieux, allongés sur les dures banquettes.

Lundi 28 septembre 1925.

Nous déjeunons dans le wagon. Un employé passe et nous apporte café, lait, brioches.

Vers 9 heures et demie, nous sommes à la gare de Silésie. Guilbeaux nous y attend. Adieux à Françon qui bifurque vers Strasbourg.

Bonne conversation en arpentant les rues berlinoises.

puis au restaurant. Mais il y aurait tant à se dire et les heures sont si courtes. Quel dommage de ne pouvoir rester ici quelques jours et bavarder longuement avec ce vieil ami, mettre au point tant de différends, bien aplanis pour mon voyage. Hélas ! il faut rentrer à Paris. Car jeudi, il s'agira de repartir vers le Nord où le sinistre Bloc des Gauches me tient toujours exilé.

Le train de Paris part à 2 h. 6 et les adieux sont encore bien pénibles. Où ? quand ? se reverra-t-on jamais ?

Blutte a acheté quelques journaux français : *Matin, Information, Journal*. Stupeur de lire ici un article de Béraud : *Le Marteau* (*Journal* du 26-9-25). Quel impudent menteur ce gros bonhomme. (1)

Paysage déjà vu. Mais nous nous enfermons avec nos souvenirs. Tant d'impressions tumultueuses encore, à classer, dont il faudra dégager une opinion d'ensemble. Et les derniers scrupules : a-t-on bien vu ? ne se trompe-t-on pas ? etc. etc. Mais il suffira de se replonger en la puante civilisation, qui sent bien le cadavre, pour hâter tout cela.

Allons boire un bock au wagon-restaurant puisqu'il nous reste quelques marks. Et dormons en paix, puisque nous avons réussi, en secouant la doublure des portemonnaies à prendre des billets de seconde classe.

Re-douane, re-billets, re-passeports aux sortie d'Allemagne, entrée en Belgique, entrée en France.

Vers 6 heures du matin, à Jeumont, un douanier zélé remarque mes quelques boîtes de « papirossi » dont aucune douane ne s'est souciée jusqu'ici. Mais nous sommes au pays de l'ordre. Heureusement que nous sommes aussi au pays où « tout s'arrange ».

---

(1) Pour plus de détails, consulter **En marge d'un feuilletoniste.**

Et à 10 heures et demie, nous débarquons à la gare du Nord.

Fini le beau voyage !

Dessin du journal mural *(Moscou)*

CHAPITRE SUPPLÉMENTAIRE
en forme de dialogue et en manière de conclusion !

Une fois reprise la tâche quotidienne, j'ai dû, à la demande d'amis, organiser quelques réunions où je racontai mes impressions de voyage. Ainsi allai-je à Valenciennes, Orchies, Denain, Lourches, Dunkerque. Et seul, le manque de temps m'empêcha de faire plus (1).

On pense bien que cela n'alla pas sans ennuis administratifs. Et le fait est que je débutai mal. De passage à Valenciennes, un jeudi d'octobre 1925, mon ami Mathieu qui avait organisé le soir une réunion privée à l'intention des militants du pays, me retint pour l'assister. J'acceptai. Public nombreux et sympathique, mais début houleux. Un commissaire spécial, introduit frauduleusement dans la salle, fut expulsé par les assistants, sans dommage grave, grâce aux exhortations au calme de Guy Jerram qui eut fort à faire pour retenir la foule indignée. La conférence eut lieu dès que le triste individu eut vidé les lieux.

Mais à la sortie, toutes les forces de police mobilisées cueillirent au passage Hurez, le président de la réunion, et

---

(1) J'eus même le plaisir, le mercredi 22 septembre 1926, aux Sociétés savantes à Paris, de suppléer au pied levé Mme Hélène Gosset, journaliste bourgeoise — et froussarde ! — qui, au dernier moment, faussa compagnie aux organisateurs de la conférence !

Guy Jerram. Ils passèrent la nuit au bloc et furent con-
damnés le lendemain à 15 jours de prison — avec sursis,
heureusement ! — pour outrages à la police !

Moi, j'eus à subir divers interrogatoires dont je repro-
duirai ici les passages les plus saillants.

***

— Vous savez probablement pourquoi je vous ai fait
appeler ?

— Pour la réunion de Valenciennes sans doute ?

— Oui. Cette réunion organisée par le Parti Communiste...

— Pardon, par le Syndicat de l'Enseignement !

— Ce n'est donc pas la même chose ?

— Pas tout à fait...

. . . .

— D'ailleurs, je reconnais que votre conduite, en l'occurrence, a été tout à fait correcte. Vous n'avez en rien
participé à l'expulsion. Je sais aussi que vous n'êtes pas
communiste et c'est pourquoi je vous parle ainsi. Si vous
étiez communiste, je vous tiendrais un tout autre langage.
Je vous dirais : « Vos opinions sont incompatibles avec les
fonctions publiques que vous exercez. » Mais je sais que
vous n'êtes pas du parti. Aussi, cela sera vite arrangé.
Vous allez me promettre de ne plus prendre la parole en
public au sujet de votre voyage et tout sera dit. Alors, c'est
entendu ?

— Non.

— Comment non ?

— Non. Je ne peux pas.

— Comment, vous ne pouvez pas !

— Non. C'est pour moi une question de conscience.

— Expliquez-vous.

— Eh bien ! voilà. Je suis allé passer mes vacances en Russie, j'ai été reçu là-bas d'une façon cordiale, parfaite. Les instituteurs qui m'ont reçu m'ont dit simplement : « Vous avez vu ce que nous avons fait. Racontez ce que vous avez vu. Nous ne vous demandons pas des louanges systématiques. Nous croyons bien aussi que vous ne ferez pas que des critiques systématiques. Dites simplement ce que vous avez vu. Or, je le leur ai promis : je me considérerais comme un individu malpropre si je reniais, maintenant que je suis rentré, ma promesse librement consentie là-bas...

— Ce sont des scrupules qui vous honorent, certes, mais réfléchissez un peu à la situation dans laquelle vous me mettez. Que vais-je répondre à M. le Ministre ? Si je pouvais lui dire : « J'ai vu M. W..., il m'a formellement promis de ne plus parler en public au sujet de la Russie » tout serait fini, je serais tranquille, vous aussi.

— Sans doute, mais je ne puis pas.

— Alors écrivez des articles, faites un livre, ce sera certes très intéressant. Mais ne faites plus de conférences.

— Impossible : je dois dire ce que j'ai vu en toutes circonstances.

— Mais vous êtes en désaccord avec votre ami M... qui vient de sortir d'ici et qui m'a promis, lui, de ne plus parler en public.

— ...Je ne suis pas forcément toujours d'accord avec M...

— Alors, vous ne voulez pas me promettre cela ?

— Je ne puis pas.

— Et bien, s'il en est ainsi, nous allons parler autrement... D'abord, vous avez commis une grave imprudence...

— Laquelle donc ?

— Mais d'avoir accepté des subsides d'un gouvernement étranger !

— ?? Comment cela ??

— Mais pour faire ce voyage : vous n'allez pas prétendre, je suppose, que vous avez tout payé de votre bourse ?

— Dame non ; avec les terribles mensualités que je
gagne, ce n'eût guère été possible...

— Donc, vous avez accepté des subsides du gouvernement des Soviets !!

— Ah ! pardon, cela est radicalement faux !

— Qui donc a payé ces frais énormes ?

— Les instituteurs russes... et ce n'est pas du tout la
même chose !

— ... ils sont donc bien riches, ces instituteurs russes ?

— Mais non, ce sont de pauvres bougres, comme moi,
qui travaillent pour subvenir à leurs besoins et à ceux des
leurs... Seulement, ils sont tout de même plus de 550.000
groupés dans leur Syndicat des Travailleurs de l'Enseignement et cela représente une force... Cela représente aussi
une jolie caisse, car ils versent 5 % de leur salaire comme
cotisation syndicale... Le cas échéant, il leur eût d'ailleurs
suffi d'ajouter chacun *un franc* pour subvenir aux frais de
notre excursion... Et, vous savez, un franc, cela ne représente plus grand'chose là-bas : exactement 8 *kopecks* au
cours du mois d'août 1925...

. . . .

— ... Enfin, vous devriez tout de même vous modérer

un peu dans votre propagande, ne plus faire de ces conférences qui risquent de vous faire du tort, qui font beaucoup de tort à l'école laïque.

— Je ne comprends pas bien. Du tort à moi, cela c'est
bien évident, mais j'y suis un peu habitué depuis tantôt dix
ans que je suis persécuté , plus ou moins ouvertement,
pour avoir osé, grand blessé rapatrié d'Allemagne, maudire
la boucherie ignoble, pour avoir osé dire à la barbe de
tous les « bourreurs de crânes » que des Allemands
m'avaient humainement soigné... Au surplus, cela c'est
affaire entre ma conscience et moi.

Mais, pour ce qui est de l'école laïque, je ne pensais
pas lui faire du tort en racontant, au sujet de la Russie
comme au sujet de la guerre, *ce que j'ai vu.*

— Si, si, vous lui faites un tort énorme auprès du public, auprès des parents d'élèves...

— Je ne comprends pas du tout. S'il y a des parents
assez stupides pour en vouloir à l'école laïque parce qu'un
maître a été en Russie pendant ses vacances, ce ne peuvent être évidemment que des réactionnaires qui n'ont pas
« a priori » beaucoup de sympathie pour elle. Mais alors
que vont dire les parents républicains, anticléricaux, socialistes, communistes, syndicalistes, anarchistes (et il y en
a tout de même quelques-uns dans ce Nord industriel), que
doivent-ils dire lorsqu'ils voient ceux de mes collègues qui
vont à la messe, aux vêpres et au salut ?

— Ce n'est pas la même chose.

— Mais si... remarquez d'ailleurs que je soutiens ces
collègues et qu'ils ont raison, à mon avis, de ne pas cacher
leur foi, si elle est sincère, si ce ne sont pas de pures sima-
grées pour faire plaisir aux parents à héritage ou à quelque

manitou bien pensant de la commune... Mais, moi aussi, j'ai le droit strict de ne pas cacher mes opinions et de préférer la Bourse du Travail à la chapelle de saint Antoine de l'adoue. Pourvu que je reste *neutre à l'école* (ce qui est le cas), nul n'a rien à me reprocher...

— ... Mais vous avez donc vu des choses bien curieuses là-bas ?

— Certes, j'y ai vu l'effort grandiose de tout un peuple enfin libéré de la plus atroce des tyrannies et qui cherche, à tâtons, mais avec persévérance et foi, à s'administrer lui-même. Un peuple qui a détrôné l'ARGENT, corrupteur de toute notre vieille civilisation, et qui s'efforce à le remplacer par le TRAVAIL... Cela n'est déjà pas si banal. Mais j'y ai vu aussi, en ce qui nous concerne plus particulièrement, nous autres éducateurs, des innovations pédagogiques qui sont proprement merveilleuses... Self-government des élèves, suppression des récompenses et des punitions, collaboration des maîtres et des élèves, et mille autres innovations encore : toutes choses que nous connaissions bien « théoriquement » mais que nos esprits sceptiques (ou nos volontés faibles...) nous faisaient regarder comme d'aimables utopies. Tout cela, je l'ai vu là-bas, organisé par un gouvernement neuf, qui a balayé les traditions, toutes les traditions, et qui, au milieu de mille difficultés certes, mais patiemment, fervemment, édifie, pierre par pierre, un monde nouveau.

— Tout cela est très joli. Mais pourtant, on raconte tant de vilaines choses... Voyez les articles de Béraud dans le *Journal*... Et tenez, hier encore, j'ai dîné avec un monsieur très bien (il représente à Moscou une nation alliée...) et qui m'a raconté des horreurs... mais des horreurs...

— Ce monsieur a raison de raconter des « horreurs » s'il en a vues. Il a d'ailleurs bien de la veine d'être revenu intact d'un tel pays... et bien du « courage » d'oser y retourner. Quant à moi, je fais ici comme pour la guerre : je ne raconte que ce que j'ai vu « de mes yeux vu », comme disait l'autre. Et tant pis si, malgré mon travail irréprochable, cela ne me vaut à nouveau que brimades et persécutions de mes chefs, que mépris même et railleries de certains de mes camarades. Car je dois ajouter que je suis parti en Russie, assez... « prévenu » contre le régime des Soviets. Et je ne me suis pas privé de critiquer là-bas ce que je croyais critiquable. Mais devant les faits, bien des opinions préconçues s'effondrent quand on est de bonne foi.

. . . .

— Cela est bel et bien. Mais, si un instituteur russe venait chez nous, étudiait notre système scolaire, retournait chez lui enthousiasmé, et prônait par toute la Russie le système d'éducation occidental... Que pensez-vous que ferait le Gouvernement des Soviets ??

— Il ne ferait rien du tout car le cas ne se présentera jamais.

— Comment cela ??

— Parce que notre gouvernement « libéral » ne laissera jamais un tel missionnaire opérer en France. N'avons-nous pas vu, en août 1925, nos camarades Apletine et Korostelev, invités au Congrès de la Fédération de l'Enseignement, et à qui on a bel et bien interdit de pénétrer sur le territoire français ? N'ont-ils pas été réduits à se réfugier sur le « royaume » de Belgique où les délégués au Congrès de l'Internationale de l'Enseignement durent aller les rejoindre ??...

— Soit, mais supposons que la chose se fasse !

— Oui, supposons : cela n'engage à rien. Eh bien ! votre instituteur pourra parcourir quelques pays en Occident avant d'en rencontrer un comme la Géorgie, cette pauvre Géorgie martyre, chère à Vandervelde, et où 55 % du budget annuel sont consacrés à l'instruction publique. Et dans toutes les républiques fédérées de l'U.R.S.S. il n'y en a aucune, vous entendez, AUCUNE, où la portion du budget réservée à l'Instruction publique soit aussi ridicule (comparativement à la part de l'armée, par exemple), que dans notre chère France, pacifique et protectrice des Lettres et des Arts...

— Enfin, cela m'ennuie beaucoup. Je vais être obligé de sévir contre vous. Et je sais, par vos cahiers de roulement que j'ai fait demander et que j'ai attentivement examinés, je sais que votre enseignement est impartial. Je sais que vous êtes un bon maître, dévoué à votre classe.

— On ne le dirait pas à la façon dont je suis traité !

— Comment cela : vous avez à vous plaindre de quelque chose ?

— En 1915, rapatrié d'Allemagne comme grand blessé, on me donne à Paris, la partie pratique de mon certificat d'aptitude pédagogique après trois quarts d'heure de classe, au lieu de la demi-journée légale. On m'offre un poste à

Paris. Comme je suis rappelé dans le Nord, à mon poste non envahi, on me fait nommer à Trélon qui est envahi, en me promettant formellement une nomination à Paris, dès que la guerre sera finie et que les choses reprendront leur cours normal... Sitôt la guerre achevée, comme j'ai commis le crime, mutilé, de dire sans fard mon opinion sur la boucherie, on me renvoie dans le Nord, sans crier gare !

— Là, vraiment, je n'y suis pour rien et je ne puis rien.

— Depuis 1919 que je suis ici, je demande un poste à Douai où à Lille. Je l'attends toujours. Et j'y vois nommer des collègues bien plus jeunes que moi, malgré mes bonnes notes professionnelles dont vous parliez tout à l'heure.

— Je ne suis pas au courant de cela, je viens d'arriver ici.

— Dans mon dossier que vous avez lu, il y a mes demandes de changement : une au moins par année... Mais il y a mieux : depuis octobre 1924, je dois permuter avec une institutrice de l'Oise. Elle est dans le Nord depuis lors, mais moi j'y suis encore aussi !............

— Eh bien ! écoutez : ici, je puis vous aider. Et croyez que, si j'interviens, mon intervention aura du poids. Mais, en échange, promettez-moi de ne plus parler en public de votre voyage ?

— Non, je ne puis accepter cela, encore bien moins à cette dernière condition. Je ne signe pas de marchés pareils !

ÉPILOGUE

Que dire encore maintenant ?

***

D'abord que je suis un peu effrayé. Peut-être n'ai-je pas été assez éloquent, assez précis, assez clair. Pas mal d'amis m'ont écrit depuis un an, même parmi ceux avec qui j'ai conversé plus ou moins longuement : « Vivement que paraisse *ton* livre ! Nous avons hâte de lire *tes* impressions, de savoir ce qui se passe là-bas... C'est si complexe, la Russie. Tu y as vu clair ? Vite dis-nous quoi... C'est *ton* jugement que nous attendons, bien plus que les rapports officiels... Quand pourrons-nous lire *tes* souvenirs ? » etc...

Je suis touché de cette confiance, mais un peu effrayé aussi, je le répète. Si on allait me dire maintenant, m'écrire : « Comment, ce n'est que cela ? »

***

J'ai essayé de dire ici, en toute simplicité, en toute loyauté, ce que j'ai vu, TOUT ce que j'ai vu, le bien comme le mal. Ai-je réussi ? je ne sais.

Mais j'aurais voulu faire comprendre l'émotion forte qui me reste de ce voyage, l'impression que là-bas, *il y a quelque chose de changé* (je reprends à dessein ce titre de mon article de l'*Insurgé* qui a fait hurler tant de purs !). L'impression que là-bas, un peuple immense, guidé par un parti puissant, lucide, discipliné, poursuit à pas de géants son évolution !

Impression surtout que là-bas un effort immense, colossal, prodigieux est fait pour l'éducation, l'instruction de cette masse de plus de 100.000.000 de paysans incultes, mi-barbares. Même si tout échouait, même si la République soviétique devenait un jour pareille à notre République (fille dégénérée de 48 et de 89 !) resterait quand même cet effort, jamais vu jusqu'ici.

* * *

Et cela, que je *sens* profondément, que peut-être je n'ai pas su assez bien expliquer, cela, je veux le clamer une dernière fois, à la fin de ce livre un peu hâtif, mais tout imprégné de bonne foi.

Tant pis pour ceux qui ne veulent — ou ne peuvent — pas le comprendre !

Esquelbecq, Avril 1926.
Cannes, Août-Septembre 1926.
Lourches, Novembre 1926.

TABLE DES MATIÈRES

Ce livre est sorti des presses de la
SOCIÉTÉ LILLOISE D'ÉDITIONS et d'IMPRESSIONS
29, Rue de Valenciennes, à LILLE (Nord)
le 25 Mars 1927

Il en a été tiré :
26 exemplaires
sur
japon, numérotés
de
A jusqu'à Z
et
1000 exemplaires
sur
papier édition
non numérotés

Ce **25 Mars 1927**, le volume étant entièrement composé, corrigé et mis en pages, j'ai reçu les souscriptions suivantes :

EXEMPLAIRES DE LUXE

1. M. Millet ; 2. L. Dillies ; 3. R. Wolfsohn ; 4. A. Poulle ; 5. F. Mansat ; 6. G. Jaboin ; 7. H. Vandeputte ; 8. T. Varlet ; 9. R. G. ; 10. H. Clément ; 11. H. Malosse ; 12. M. Lebarbier ; 13. Ch. Rochat ; 14. E. Dupuis ; 15. E. Dujardin ; 16. J.-P. Samson ; 17. M. Marini.

EXEMPLAIRES ORDINAIRES

1. R. Dax ; 2. G. Leconte ; 3. O. Bouchet ; 4. C. Duhain ; 5. Frétiaux ; 6. A. Appourchaux ; 7. H. Leriche ; 8. E. Mathieu ; 9. Lhotte ; 10. Merriaux ; 11. G. Degrutère ; 12. H. Vandeputte ; 13. P. Gabert ; 14. G. Montandon ; 15. J. Lascaud ; 16. D. Lacoste ; 17. J. Domenech ; 18. C. Belliard ; 19. A. Rivière ; 20, 21 et 22. Y. Guet ; 23. F. Ferré ; 24. N. Chevalier ; 25. F. et G. Serret-Derouret ; 26. P. Adam ; 27. E. Herluison ; 28. J. Fanonnel ; 29. M. Bailly ; 30. V. Feuiller ; 31. L. Weill ; 32. A. Richard ; 33. L. Hess ; 34. Ch. Hotz ; 35. A. Barthélemy ; 36. G. Salan ; 37. M. G. Picard ; 38. J. Boyer ; 39. G. Weger ; 40. R. Doyat ; 41. H. Fourot ; 42. L. Beau ; 43. R. Janvier ; 44. J. Levy ; 45. Arribard ; 46. R. G. ; 47. H. Madeuf ; 48. M. Gest ; 49. R. Balasse ; 50. H. Roy ; 51. M. Donzel ; 52 et 53. H. Schneider ; 54 et 55. H. Défossé ; 56. L. Bourel ; 57. E. Delhay ; 58. Neveu ; 59. R. Posière ; 60. M. Girard ; 61. R. Lecointre ; 62. J. Ponchon ; 63 et 64. Cazimir ; 65. M. Devaldès ; 66. M. François ; 67. F. Carrin ; 68. Policard ; 69. P. Deldique ; 70. Ballereau ; 71. P. Bravey ; 72. Le Poulichet ; 73. E. Bonnet ; 74. E. Forobert ; 75. Langlet ; 76 V. Roger ; 77 à 96. M. I. ; 97. J. Rivière ; 98. Y. et E. Lulé ; 99. P. Rebours ; 100. Lulé ; 101. Hurtel ; 102. Burnouf ; 103. Verdier ; 104. Lemaître ; 105. Létourneau ; 106. Blin ; 107. Collet ; 108. Leclerc ; 109. A. et R. Dyas ; 110. Roncière ; 111. Cailliez ; 112. E. Denante ; 113. H. Zisly ; 114. Portets ; 115 et 116. J. Venturini ; 117. G. Ploch ; 118. L. C. Hayward ; 119. J. Savier ; 120. Mme de St-Prix ; 121.

M. Mayet ; 122. M. Honel ; 123. R. Houssin ; 124. H. Fiette ;
125. M. Lenain-Devernay ; 126. A. Daoust ; 127. S. Herlemont ;
128 et 129. Ch. Proy ; 130. J. Serin ; 131. P. L. Pauzel ; 132. E.
Françon ; 133. C. Smet ; 134. C. Porto ; 135. M. Lepot ; 136.
C. Brochet ; 137. Subra ; 138. R. Varennes ; 139. P. Dutruel ;
140. C. Porto ; 141. H. Monfroy ; 142. L. Pichon ; 143. C.
Fiévet ; 144. F. Ricou ; 145. G. Dhomps ; 146. J. Bourguès ;
147. F. Broutet ; 148. D. Bénit ; 149. P. Combeau ; 150. S.
Fraisse ; 151. V. Cognet ; 152. F. Mahés ; 153. J. Ethève ;
154. A. Etienne ; 155. A. et V. Maillet ; 156. C. Barnoud ;
157. A. Lavenir ; 158. Jayot ; 159. F. Brun ; 160. J. Cornec ;
161. E. Goldenberg-Cahen ; 162. P.-G. Van Hecke ; 163. F.
Heyder ; 164. Djonkitch ; 165. Blanchard ; 166. F. Bonchier ;
167. L.-T. Bancal ; 168. C. Durand ; 169. A. Merdinian ; 170.
L. Simon.

Dans un récent numéro de sa revue, M. Monatte prétend
que cette publication symbolise le « parfait gendelettre » que je
suis. C'est peut-être accorder beaucoup d'importance à ce pion
aigri du syndicalisme, qui n'en a plus guère, et qui s'imagine
cependant avec son compère et ami Boris Souvarine monopoliser
la Révolution, le Communisme, le Syndicalisme, le Prolétariat, et
mille autres choses. Cette pauvre imbécilité devait être mention-
née ici.

Et j'en profite pour remercier de tout cœur les amis fidèles,
connus ou inconnus, qui m'ont apporté leur aide avant même que
le bouquin ne soit paru.

Voici environ *un tiers* des frais couverts. J'espère que
le reste le sera aussi bientôt et que tout de même, cette publication ne me coûtera pas trop d'argent, car je n'en ai guère !

M. W.